Descobrir Jogos Online Grátis

Disponível Aqui:

BestActivityBooks.com/FREEGAMES

5 DICAS PARA COMEÇAR

1) CÓMO RESOLVER LAS SOPA DE LETRAS

Os puzzles têm um formato clássico:

- As palavras estão escondidas sem espaços ou hífenes,...
- Orientação: As palavras podem ser escritas para a frente, para trás, para cima, para baixo ou na diagonal (podem ser invertidas).
- As palavras podem sobrepor-se ou intersectar-se.

2) APRENDIZAGEM ACTIVA

Ao lado de cada palavra há um espaço para anotar a tradução. Para encorajar a aprendizagem activa, um **DICIONÁRIO** no final desta edição permitir-lhe-á verificar e expandir os seus conhecimentos. Procure e anote as traduções, encontre-as no puzzle e adicione-as ao seu vocabulário!

3) MARCAR AS PALAVRAS

Pode inventar o seu próprio sistema de marcação - talvez já use um? Pode também, por exemplo, marcar palavras difíceis de encontrar com uma cruz, palavras favoritas com uma estrela, palavras novas com um triângulo, palavras raras com um diamante, e assim por diante.

4) ESTRUTURANDO A APRENDIZAGEM

Esta edição oferece um **CADERNO DE NOTAS** prático no final do livro. Nas férias, em viagem ou em casa, pode facilmente organizar os seus novos conhecimentos sem a necessidade de um segundo caderno!

5) JÁ TERMINOU TODAS AS GRELHAS?

Nas últimas páginas deste livro, na secção **DESAFIO FINAL**, encontrará um jogo gratuito!

Rápido e fácil! Consulte a nossa colecção de livros de actividades para o seu próximo momento de diversão e **aprendizagem**, a apenas um clique de distância!

Encontre o seu próximo desafio em:

BestActivityBooks.com/MeuProximoLivro

Aos vossos lugares, preparem-se...Vão!

Sabia que existem cerca de 7.000 línguas diferentes no mundo? As palavras são preciosas.

Adoramos línguas e temos trabalhado arduamente para criar livros da mais alta qualidade para si. Os nossos ingredientes?

Uma selecção de tópicos adequados à aprendizagem, três boas porções de entretenimento, e depois acrescentamos uma colherada de palavras difíceis e uma pitada de palavras raras. Servimo-los com amor e máximo divertimento, para que possa resolver os melhores jogos de palavras e se divirta a aprender!

A sua opinião é essencial. Pode participar activamente no sucesso deste livro, deixando-nos um comentário. Gostaríamos de saber o que mais lhe agradou nesta edição.

Aqui está um link rápido para a sua página de encomendas:

BestBooksActivity.com/Avaliacoes50

Obrigado pela vossa ajuda e divirtam-se!

A Equipa Inteira

1 - Dirigindo

```
I  V  E  W  J  C  A  R  R  V  I  A  M  O
C  Z  V  X  L  W  T  J  N  N  C  E  O  W
G  T  N  I  I  V  E  S  D  A  Z  N  T  Q
Q  A  X  R  A  O  N  U  L  L  A  E  O  P
P  D  F  J  L  I  C  E  N  T  I  A  R  N
E  L  P  E  D  E  S  T  R  E  M  N  T  X
R  D  A  E  S  C  A  C  C  I  D  E  N  S
I  M  O  T  O  R  C  Y  C  L  E  M  D  D
C  A  W  Y  E  D  U  S  R  C  J  I  U  R
U  P  B  P  O  A  R  D  A  K  A  A  M  A
L  Z  T  R  S  A  L  U  T  E  M  U  E  O
U  C  U  N  I  C  U  L  U  M  J  J  T  S
M  V  E  S  T  I  B  U  L  U  M  J  A  E
P  I  B  Q  G  G  A  R  A  G  E  D  X  I
```

ACCIDENS	MOTORCYCLE
CAR	MOTOR
ESCA	PEDESTREM
CAUTE	PERICULUM
VIA	AT
DUMETA	PLATEA
GARAGE	SALUTEM
VESTIBULUM	NULLA
LICENTIA	AENEAN
MAP	CUNICULUM

2 - Atividades

```
G  B  W  S  D  U  T  L  X  T  O  D  A  R
P  V  F  I  G  L  E  R  H  W  T  C  L  L
L  I  Z  N  L  V  E  N  A  T  I  O  N  E
U  A  C  A  T  I  O  U  P  U  M  B  C
D  Z  R  T  M  R  Y  Y  W  I  M  M  H  T
O  Y  P  T  U  M  K  I  L  S  A  O  B  I
S  F  S  V  E  R  V  X  H  C  G  D  V  O
X  U  E  U  S  Q  A  T  K  A  I  I  U  W
X  R  A  M  L  N  F  K  T  N  A  S  L  S
C  O  N  S  E  Q  U  A  T  D  W  G  R  V
S  Z  V  G  A  R  D  E  N  I  N  G  T  C
E  Q  U  C  T  S  Y  W  A  R  T  E  S  H
S  J  F  N  D  D  M  I  Y  H  N  N  C  G
V  O  L  U  P  T  A  T  E  M  P  S  Q  O
```

ES	LUDOS
ARTES	OTIUM
ACTIO	LECTIO
VENATIONE	MAGIA
CONSEQUAT	PISCANDI
ARTE	PICTURA
COMMODIS	VOLUPTATEM
GARDENING	

3 - Churrascos

```
T A B U L A S N X L O H H U
C O N D I M E N T U M E X E
A P F T O M A T O E S X V W
C R A T I C U L A M O P P S
K A M M P C X N A M I C I S
E N E U O F A E E L O S P L
J D S S T R B L P S A L E E
P I Z I E U L E I F H Z R G
B U N C N C U Q G D M O R U
E M L A T T D H N T U E X M
C J B L I U O O F Z V M R I
C E T H U S S F I L I I Z N
A S P G Q M A E S T A T E A
F F A E S E V F A M I L I A
```

AMICIS
CEPE
FILII
FAMILIA
FAMES
PULLUM
FRUCTUS
CRATICULAM
PRANDIUM
LUDOS

LEGUMINA
CONDIMENTUM
MUSICA
PIPER
CALIDUM
SAL
POTENTI
TABULAS
TOMATOES
AESTATE

4 - Pesca

```
E  B  L  R  B  R  P  A  L  Y  U  L  B  T
V  S  G  X  X  Z  B  Q  Q  I  D  A  E  G
K  V  C  N  A  V  I  F  L  I  H  C  A  D
J  N  Q  A  P  P  A  R  A  T  U  U  C  F
O  A  C  Q  J  C  C  J  Y  I  N  S  H  I
C  O  E  U  B  R  A  N  C  H  I  A  S  L
E  O  L  A  P  H  Q  Q  V  H  F  U  F  U
A  B  Q  J  R  A  P  N  R  O  V  G  L  M
N  G  W  U  Z  M  N  O  D  B  A  E  U  A
U  C  N  V  E  O  P  Y  N  B  Y  N  M  X
M  Y  X  D  Q  S  M  L  M  D  O  D  E  I
T  C  A  N  I  S  T  R  U  M  U  O  N  L
P  A  T  I  E  N  T  I  A  D  H  S  A  L
T  E  M  P  O  R  U  M  Q  I  D  U  K  A
```

AQUA	ESCA
NAVI	LACUS
BRANCHIAS	MAXILLA
CANISTRUM	OCEANUM
COQUES	PATIENTIA
APPARATU	PONDUS
AUGENDO	BEACH
FILUM	FLUMEN
HAMO	TEMPORUM

5 - Geologia

```
S  W  B  F  O  S  S  I  L  E  C  S  Q  O
A  K  Z  W  V  T  V  P  X  L  R  A  U  S
X  C  M  T  W  A  G  O  L  Z  Y  L  A  X
T  O  I  P  X  L  E  S  L  A  S  K  R  K
E  R  N  D  R  A  X  T  Q  C  T  P  T  Z
C  A  E  M  U  G  E  O  C  C  A  E  Z  T
A  L  R  A  X  M  S  N  O  U  L  N  A  P
L  A  A  U  Q  I  A  E  N  M  S  I  O  U
C  V  L  R  R  T  H  M  T  S  H  L  X  W
I  A  I  I  Z  E  T  D  I  A  C  O  M  D
U  N  B  S  Q  S  H  X  N  N  T  E  G  N
M  E  U  T  E  R  R  A  E  M  O  T  U  S
D  K  S  U  U  T  Z  J  N  J  L  D  C  D
S  P  E  C  U  S  V  D  S  I  Q  Z  I  D
```

ACIDUM	LAVA
ACCUMSAN	MINERALIBUS
SPECUS	STONE
CALCIUM	PLATEAU
CONTINENS	QUARTZ
CORAL	SAL
CRYSTALS	TERRAEMOTUS
EXESA	VOLCANO
STALAGMITES	MAURIS
FOSSILE	

6 - Tempo

```
P  M  C  A  H  M  F  U  T  U  R  U  M  S
R  E  A  N  O  O  I  K  X  U  U  L  F  E
A  R  L  N  R  C  R  N  C  N  E  I  X  P
E  I  E  U  A  N  N  O  U  A  O  Z  F  T
T  D  N  A  N  T  E  C  L  T  P  Z  F  I
E  I  D  D  U  C  Y  T  I  O  I  Z  X  M
R  E  A  O  N  B  M  E  V  H  G  S  W  A
I  S  R  A  C  X  H  U  X  G  J  I  K  N
T  M  E  N  S  E  O  E  D  U  B  A  U  A
U  M  Y  W  B  N  D  B  R  K  F  N  G  M
M  Q  O  N  B  K  I  P  V  I  I  T  Q  A
N  Z  M  I  A  D  E  M  M  W  Y  N  E  N
D  E  C  E  N  N  I  U  M  X  A  D  I  E
P  S  A  C  B  Z  Q  C  E  N  T  U  R  Y
```

NUNC
ANNO
ANTE
ANNUA
CALENDAR
DECENNIUM
DIE
FUTURUM
HODIE
HORA

MANE
MERIDIES
MENSE
MINUTIS
NOCTE
HERI
PRAETERITUM
HOROLOGIUM
SEPTIMANA
CENTURY

7 - Astronomia

```
B  T  L  W  T  D  S  O  L  A  R  I  S  A
V  Z  A  F  G  E  Q  C  T  L  C  M  C  E
Q  F  F  S  Q  U  R  H  A  W  Y  S  P  Q
V  I  P  I  T  J  U  R  F  E  X  A  U  U
L  C  I  D  E  R  U  C  A  Q  L  I  V  I
E  O  R  U  O  Z  O  H  G  A  Z  U  C  N
C  S  M  S  G  X  Y  N  Y  Y  H  T  M  O
L  M  E  L  U  N  A  Q  A  X  S  T  N  C
I  O  T  N  E  B  U  L  A  U  J  P  H  T
P  S  E  P  L  A  N  E  T  A  T  W  T  I
S  J  O  S  U  P  E  R  N  O  V  A  L  U
I  L  R  G  A  S  T  E  R  O  I  D  E  M
S  T  O  A  S  T  R  O  L  O  G  U  S  W
Z  V  N  R  A  D  I  A  L  I  S  O  H  L
```

ASTEROIDEM	LUNA
ASTRONAUT	METEORON
ASTROLOGUS	NEBULA
CAELUM	PLANETA
SIDUS	RADIALIS
COSMOS	SOLARIS
ECLIPSIS	SUPERNOVA
AEQUINOCTIUM	TERRA
ERUCA	

8 - Circo

```
M  A  H  I  E  P  S  L  M  T  C  T  G  P
U  C  A  Q  A  I  P  P  C  W  O  A  B  T
S  R  B  N  I  L  E  O  B  D  B  B  G  I
I  O  I  I  I  E  C  F  C  F  K  E  I  G
C  B  T  V  X  M  T  J  D  J  P  R  D  E
A  A  U  O  G  B  A  L  L  O  O  N  S  R
G  T  M  T  K  M  T  L  L  B  P  A  Y  D
X  U  P  V  T  M  O  S  I  C  O  C  H  D
O  S  H  L  L  H  R  I  H  A  M  U  D  F
A  L  I  Q  U  A  M  M  W  O  P  L  O  G
J  U  G  G  L  E  R  I  A  K  A  U  L  D
M  A  G  U  S  M  Z  A  I  G  M  M  U  D
E  L  E  P  H  A  N  T  I  S  I  M  M  U
T  S  F  G  W  P  C  I  G  A  V  A  P  P
```

ACROBAT   MAGIA
ANIMALIA   JUGGLER
BALLOONS   MAGUS
ALIQUAM   MUSICA
POMPAM   TABERNACULUM
ELEPHANTIS   TIGER
SPECTATOR   HABITU
LEO   DOLUM
SIMIA

9 - Acampamento

```
V O K S V F S H M A P V E L
E R M I A U K H W H I E D M
N X O L U N A A Q I U L E O
A C N V S E I M E W D I I D
T U T A D M G M C P U N G F
I K E H T K X O A Q L T N I
O V M I A U R C S L Y E I P
N W H N P T R K U J I R S K
E H Z S K O I A S Y A A G H
L J U E T B A R B O R E S X
A D E C I M A C A M E R A M
C V C T A P P A R A T U N W
U T A B E R N A C U L U M E
S V W G C N A X C R P L Y N
```

ANIMALIA   SILVA
CASUS   IGNIS
ARBORES   INSECT
DECIMA   LACUS
CAMERAM   LUNA
VENATIONE   HAMMOCK
LINTER   MAP
HAT   MONTEM
FUNEM   NATURA
APPARATU   TABERNACULUM

10 - Emoções

```
D P P T V O A R S A T I S M
M N C A F D U E W L M M H E
E I K J M U P M X D W I I T
K X S M B U A I K C Y K L U
D B C E S D M S P A C E M S
O R D I R A O S W F F Q H Y
Y N G I T I R U M J M G V M
C Z E B P A C M B T C R Y P
B Q L R E W T O N A C A V A
C X Q N O L I U R E W T G T
Z B R V S S C S R D M U K H
R M F K D A A A O I I M K I
T R I S T I T I A U P A J A
V U Y G A U D I U M L N M S
```

GAUDIUM   PACEM
AMOR   IRA
EXCITATUR   REMISSUM
MISERICORDIAM   SATIS
ONEROSA   SYMPATHIA
GRATUM   TAEDIUM
METUS   TRISTITIA

11 - Ficção Científica

```
F  C  P  M  D  Y  S  T  O  P  I  A  O  H
S  U  R  Y  P  Q  J  S  X  M  M  J  C  Z
I  G  T  E  X  T  R  E  M  A  A  P  K  G
V  J  U  U  P  W  K  D  F  K  G  Q  X  A
V  L  X  M  R  I  L  L  U  S  I  O  P  L
Q  T  T  L  D  I  T  G  L  E  N  I  L  A
I  G  N  I  S  S  S  U  Q  P  A  A  A  X
J  D  M  U  N  D  I  T  S  W  R  R  N  I
I  I  T  Q  L  X  F  K  I  C  I  C  E  A
O  R  A  C  U  L  U  M  H  C  A  A  T  D
Y  M  D  I  S  T  A  N  T  R  X  N  A  W
S  U  S  P  E  N  D  I  S  S  E  U  S  Y
A  Z  I  Z  Y  U  T  O  P  I  A  M  F  A
A  T  O  M  I  C  U  S  W  E  E  Q  R  R
```

ATOMICUS	ILLUSIO
DISTANT	IMAGINARIA
DYSTOPIA	ARCANUM
CREPITUS	MUNDI
EXTREMA	ORACULUM
SUSPENDISSE	PLANETA
IGNIS	NULLA
FUTURISTIC	UTOPIA
GALAXIA	

12 - Mitologia

```
A Q F L A B Y R I N T H U S
C R W O O P I N I O N E S L
A L C F R T G C L A D I S B
E E R H Z T B E Q P Z K A N
L G E E T I E T Q V E K B
U E A R L T R T L Z E C H M
M N T O U J Y F U L G U R O
S D U S S X H P C D A L N N
D R R M B X S V U N O T U S
L T A G Q J G N T M N U O T
M O R I B U S E I K L R Y R
O H W W T O N I T R U A M U
S N W Y M A G I C A L I S M
M O R T A L E V I H M V V L
```

ARCHETYPUM   BELLATOR
CAELUM   HEROS
ZELUS   LABYRINTHUS
MORIBUS   LEGEND
OPINIONES   MAGICALIS
CREATURA   MONSTRUM
CULTURA   MORTALE
CLADIS   FULGUR
FORTITUDO   TONITRUA

13 - Medições

```
P  Z  T  L  U  K  I  L  O  G  R  A  M  C
F  K  L  O  N  G  I  T  U  D  O  R  Q  E
T  X  Y  A  C  T  Y  Y  Z  I  U  T  E  N
K  O  K  R  I  Z  A  R  G  N  R  N  D  T
P  E  N  B  A  C  D  E  R  C  B  T  E  I
G  S  R  X  M  A  S  S  A  H  Y  P  C  M
P  R  O  F  U  N  D  U  M  E  T  R  I  E
M  B  A  X  Q  Y  N  L  I  T  E  R  M  T
V  I  B  D  M  O  H  Y  N  V  P  H  A  E
N  X  D  W  U  F  A  H  U  T  Y  W  L  R
Q  E  Q  A  V  S  K  S  T  W  Q  D  E  F
P  O  N  D  U  S  W  M  I  D  E  T  S  P
L  A  T  I  T  U  D  O  S  C  M  Y  J  N
C  Y  V  N  Q  A  L  T  I  T  U  D  O  F
```

ALTITUDO	MASSA
BYTE	METRI
CENTIMETER	MINUTIS
LONGITUDO	UNCIAM
DECIMALES	PONDUS
GRAM	INCH
GRADUS	PROFUNDUM
LATITUDO	KILOGRAM
LITER	TON

14 - Plantas

```
S T E R C O R A T F Z E M D
B O T A N I C A M L K K U W
E A S I L V A V V O W F S G
R Z M P F H E D E R A R C Q
R R Y B L C G N F A G O U Z
Y C L H O R T U S S H N S U
T Q A N S O S D R C F D H O
Y B D C L Z U O K A H E E V
R T S X T X V L G A M Q R T
T I P R R U A H M M W V B P
B U S H M O S R A D I X A P
V I R E N T I A B E A N E H
M N E R X X R Z F O L I U M
P E T A L O R U M U R K N J
```

BUSH	SILVA
ARBOR	FOLIUM
BERRY	FRONDE
BAMBOO	HERBA
BOTANICAM	HEDERA
CACTUS	HORTUS
BEAN	MUSCUS
STERCORAT	PETALORUM
FLOS	RADIX
FLORA	VIRENTIA

15 - Veículos

```
C O M I T A T U M L H M M O
D Q O Z I S C O O T E R O K
P O R S R U R Y A R L R T V
O D L T E B A D W A I B O I
R D E O S M T M L C C K R V
T R N Q R A I D F T O A W A
T V U Q G R S H B O P M Y M
I F K H C I S N C R T B N U
T T Q B J N U S A W E U R S
O A L U R E B O R V R L X F
R X W Z R R W K T X I A A K
I I V G Q U A O N F F N O B
E L U W V C Y P X C H C H L
M Q P Q J A V H P L Q E F H
```

AMBULANCE
VIVAMUS
PORTTITOR
NAVI
DOLOR
COMITATUM
CAR
ERUCA
HELICOPTER

RATIS
SCOOTER
SUBWAY
MOTOR
TIRES
SUBMARINE
TAXI
TRACTOR

16 - Restaurante # 2

```
G  B  B  L  I  C  E  L  I  T  Y  P  M  A
U  O  S  E  F  U  R  C  A  G  Z  T  A  R
D  J  A  G  L  I  B  R  A  Q  U  T  S  O
E  C  L  U  A  U  J  A  H  O  X  M  S  M
A  R  Y  M  V  S  A  Q  U  A  V  K  A  A
E  S  B  I  V  R  E  W  H  P  J  A  E  T
P  L  Y  N  K  R  L  M  R  L  Z  V  A  A
P  I  C  A  T  H  E  D  R  A  J  P  B  R
C  U  S  F  R  U  C  T  U  S  A  M  S  W
F  K  O  C  O  C  H  L  E  A  R  I  K  F
P  U  M  H  E  P  K  X  O  B  D  R  B  I
P  T  C  G  Y  S  P  R  A  N  D  I  U  M
D  E  L  E  C  T  A  M  E  N  T  U  M  O
X  X  U  U  G  B  Y  T  L  Y  H  L  H  K
```

AQUA	ICE
MASSAE	PRANDIUM
CATHEDRA	LEGUMINA
COCHLEARI	OVA
DELECTAMENTUM	PISCES
AROMATA	SAL
FRUCTUS	SEM
FURCA	ELIT

17 - Países #2

```
I  H  N  I  G  E  R  I  A  N  E  X  C  V
B  N  O  S  W  U  U  S  O  V  S  H  B  F
A  O  D  X  D  J  S  X  S  H  X  D  Z  R
J  E  W  O  T  F  S  F  N  I  L  A  O  S
A  Y  T  R  N  N  I  L  I  B  A  N  U  S
M  G  H  H  T  E  A  A  M  E  X  I  C  O
A  U  R  A  I  V  S  S  Y  R  I  A  U  M
I  G  N  A  N  O  H  I  L  N  U  E  C  A
C  A  E  G  E  X  P  Q  A  I  G  G  R  L
A  L  P  X  J  C  S  I  K  A  A  J  A  I
W  L  A  U  G  K  I  I  A  A  N  T  I  A
N  I  L  F  C  N  I  A  T  E  D  W  N  L
X  A  H  A  I  T  I  A  E  Q  A  M  A  I
A  L  B  A  N  I  A  T  J  A  P  A  N  I
```

ALBANIA	LAOS
DANIAE	LIBANUS
AETHIOPIA	MEXICO
GALLIA	NEPAL
GRAECIA	NIGERIA
HAITIA	RUSSIA
INDONESIA	SYRIA
HIBERNIA	SOMALIA
JAMAICA	UCRAINA
JAPAN	UGANDA

18 - Cozinha

```
T A Z F B X L D X K L Z C D
P C R A T I C U L A M Z O T
C H O P S T I C K S A H N D
L A P O U M R W I M U V S W
I U H C D L H I Q N R G E E
B R Y U A E E G D E I J Q Q
A I D L R B S O V E S T U F
N A R A I E J S V O N A A G
O T I V O T C P A Z Q T T O
O U A C I E G O K X W K E L
C R A T E R Y N L T J Z H S
S C Y P H O S G A Z T J E L
A R O M A T A I Z K V J S W
P Q K W H Z S A N L H B R W
```

LEBETE
SCYPHOS
HAURIATUR
POCULA
AROMATA
SPONGIA
CLIBANO
MAURIS

TRIDENTES
LEO
CRATICULAM
SUDARIO
HYDRIA
CHOPSTICKS
CONSEQUAT
CRATER

19 - Brinquedos

```
A N L I M A G I N A T I O X
R V U U K F T R Z A B F O R
T P T M D U Q K L X V P W O
E P U P A O K C M H V I A B
S B M U X K S X A J Q L Z O
V I V A M U S U I R W A X T
Q X F E L M I L V U S L C Y
Q T T K Y V F M M J R O W M
V E N T U S I V J E E G O P
J T S C S D W Y U Z G E C A
D O L O R M W Y V J Y Z Z N
L A T R U N C U L O R U M A
U E T R Z Z K C Y P A V T O
G Y C N E B Y J N R Y I G O
```

LUTUM   CAR
ARTES   VENTUS
VIVAMUS   IMAGINATIO
NAVI   LUDOS
TYMPANA   MILVUS
PILA   ROBOT
PUPA   LATRUNCULORUM
DOLOR

20 - Verão

```
X C V Y L Z G S Y O N N R F
Z A M I C I S A I J L P Y N
F S P Z M Y Z B U D U C Q Q
A T R A A S P E K D E O A H
Z R D Q L B L A P X I R G I
S A B H N Y W C M O P U A F
A T D O M U M H Y Q N S M R
N R O R M U S I C A O I M S
D A K T U R I P U N L X Q L
A V G U C O N S E Q U A T U
L E K S H Q T H G Z K E T D
I L K A A X R I E A X L P O
A F A M I L I A U I G Y E S
I I Y K Y H P T M M A R E F
```

CASTRA	OTIUM
GAUDIUM	MARE
AMICIS	MUSICA
DOMUM	BEACH
SIDERA	CONSEQUAT
FAMILIA	SANDALIA
HORTUS	TRAVEL
LUDOS	

21 - Material de Arte

```
H  P  S  D  C  C  R  R  Z  U  C  K  L  K
C  T  F  Q  A  H  Q  K  C  U  A  F  N  I
E  D  T  W  M  V  A  W  V  O  T  I  U  M
M  D  O  N  E  C  J  R  K  D  H  X  M  E
S  E  F  P  R  E  M  W  T  M  E  Q  N  W
L  J  N  C  A  M  M  N  W  A  D  B  D  S
F  U  C  S  M  P  E  R  T  E  R  G  E  T
J  Z  T  Z  A  L  D  C  F  X  A  V  L  T
R  B  P  U  P  M  Y  T  G  L  U  T  E  N
B  T  Y  C  M  O  L  E  U  M  N  W  O  G
S  J  E  C  A  R  B  O  N  E  S  D  R  W
W  A  T  E  R  C  O  L  O  R  S  J  E  Z
A  Q  U  A  P  E  N  I  C  I  L  L  I  L
G  L  O  S  S  A  R  I  U  M  W  E  F  D
```

DONEC   CAMERA
DELEO   GLUTEN
WATERCOLORS   GLOSSARIUM
LUTUM   PERTERGET
AQUA   PENICILLI
CATHEDRA   MENSAM
CARBONES   OLEUM
OTIUM   CHARTA

22 - Números

```
O C T O J N D U O N U L L A
D B H V N O U E B P N I E V
E P I S M V O D C K U I O L
C Q M E Y E D P G E M P S U
E U D P Q M E X Y E M M R U
M A I T F U C T V Y N V T K
E T R E S F I Q A R V I Y K
T T B M V I M N S Y C G N B
O U S E P T E M D E C I M R
C O D E C I M A L E S N S S
T R E D E C I M S F C T W K
O Q U I N Q U E F Z H I A A
S E D E C I M S E X P H M W
S Q U A T T U O R D E C I M
```

QUINQUE	QUATTUORDECIM
DECIMALES	QUATTUOR
DECEM	QUINDECIM
SEDECIM	SEX
SEPTEMDECIM	SEPTEM
DECEM ET OCTO	TREDECIM
DUO	TRES
DUODECIM	UNUM
NOVEM	VIGINTI
OCTO	NULLA

23 - Ferramentas

```
Z H I P S U M C E E U V M W
G G R D G A L R R C J P C J
S L A X I C I A G E P J S R
S C U C F U N E M A L L E O
T U A T B E F U A M I G C T
U N Q L E N V P L A E T U A
P O N A A N M F L R R F R C
R V W M G M L A E M S A I K
A A H V R W T T U J O C S Q
H C R A Y C T T S R L E Y W
R U T R U M J G G Q I M R Z
U L P R G D N U U O D S N V
M A X T K K L F X D I F M T
X O W A N Q Q B Y O S Q X H
```

PLIERS   MALLEO
MAURIS   MALLEUS
GLUTEN   NOVACULA
FUNEM   STUPRA
SCALAM   RUTRUM
IPSUM   ROTA
SOLIDIS   AXICIA
SECURIS   FACEM

24 - Especiarias

```
N V X I E A C I D U M G C D
V U J T L M M I X W E I O U
A W T T S A L O B U M N R L
N G J M P R I C M I S G I C
I N L S E A Q P K U O I A I
L X C C R G U A I T M B N S
L T E R L S I P L P D E D E
A T P Y B T R R H L E R R H
I O A N O U I I W Y P R I L
C R O C U S T K C U R R Y W
A L L I U M I A N E T H U M
H M F I R F A E N I C U L I
W S A P O R E M U T D J S Q
F P S X L B K E C B I J T U
```

CROCUS   CORIANDRI
LIQUIRITIAE   DULCIS
ALLIUM   FAENICULI
AMARA   GINGIBER
ANETHUM   NUTMEG
ACIDUM   PAPRIKA
VANILLA   PIPER
AMOMUM   SAPOREM
CURRY   SAL
CEPA

25 - Aniversário

```
D I S C E R E I V D D Y C C
E O C M A S S A E O I O A A
I R Q L Y O A D B N E M N L
Y Q Q B V F M P F U H V T E
P W E E R Z I T I M C B I N
N A T U S C C E J E A E C D
O Z I G R L I M Z Z N A U A
W V I X G A S P K P D T M R
I U V E N E S U E T E U I P
G L B T Y T L S J U L S K A
I N V I T A R E K I A J X N
C E L E B R A T I O S Z B N
R A Z D S P E C I A L I S O
K B V B B X Z Q A F A A K S
```

LAETA	DIE
AMICIS	DONUM
ANNO	SPECIALIS
DISCERE	BEATUS
MASSAE	IUVENES
CALENDAR	NATUS
CANTICUM	SAPIENTIA
CELEBRATIO	TEMPUS
INVITARE	CANDELAS

26 - Casa

```
H  C  W  C  Z  E  L  G  O  S  T  I  U  M
C  L  K  P  N  F  O  I  A  Q  S  K  U  N
C  A  M  I  N  O  C  I  B  R  E  I  A  R
G  V  Y  C  W  C  U  H  M  R  A  D  U  Q
D  E  Q  P  Q  O  S  O  U  F  A  G  L  A
P  S  P  I  M  B  E  R  R  E  W  R  E  T
S  B  O  M  D  X  P  T  U  N  B  G  Y  T
P  E  X  S  Z  Q  S  U  M  E  A  E  X  I
E  D  P  R  I  H  R  S  Y  S  L  N  T  C
C  C  T  E  N  A  U  P  G  T  N  I  U  A
U  W  A  V  M  H  Q  T  P  R  E  S  K  Z
L  A  Q  U  E  A  R  I  A  A  O  T  W  G
U  V  E  S  T  I  B  U  L  U  M  A  S  B
M  P  E  L  L  E  S  X  V  C  R  E  M  V
```

BALNEO	FENESTRA
LIBRARY	HORTUS
SEPEM	FOCO
CAMINO	MURUM
CLAVES	OSTIUM
IMBER	LOCUS
PELLES	ATTICA
VESTIBULUM	LAQUEARIA
SPECULUM	GENISTAE
GARAGE	

27 - Vegetais

```
W H K C E A C P E J R Y C D
H S V A G L U F I Z J N U U
P J H C G L C F X S E M C G
A P V T P I U Y N S U W U I
L X S U L U R C E P A M M N
G I J S A M B C I I L L I G
E S B V N F I Z Z N G V S I
N F W Y T D T K J A A S H B
T A P I U M A C V C A P A E
E F U N G O R U M H L O L R
M M K O N X B W C Y U Q L A
B R A S S I C A H U D O O P
R A D I C U L A D P S X T A
P E T R O S E L I N U M I Q
```

CUCURBITA	FUNGORUM
APIUM	BRASSICA
CACTUS	PISUM
ALGA	SPINACH
ALLIUM	GINGIBER
EGGPLANT	RAPA
ALGENTEM	CUCUMIS
CEPA	RADICULA
DAUCUS	SEM
SHALLOT	PETROSELINUM

28 - Exploração

```
S V Z A N I M U S X N I L V
Z G J C A X O C T A S N I T
E M P T U M U L T U S V N R
M U D I S T A N T I C E G Y
C E D O S H P W Y N F N U Q
T U N O G U Z X K A T A S
K R L I G N O T U M N I R Q
N G A T B D F V N N I O F S
F O B V U F E R A U M E N M
H P V F E S R V L E A F Y W
B C L U G L F W H V L G Z H
Y V R U M A S P A T I U M Z
D I S C E R E U D H A Y R C
D E T E R M I N A T I O G M
```

ANIMALIA	DISTANT
DISCERE	SPATIUM
ACTIO	TUMULTUS
ANIMUS	LINGUA
CULTUS	NOVUM
INVENTIO	FERA
IGNOTUM	TRAVEL
DETERMINATIO	

29 - Balé

```
D R E C E N S E N D U M A H
E S P Z U S U A U Z A M R N
C S A L T A T O R E S G T C
O N R M U S I C A R S E I K
R U T M U S C U L I Y S S H
U M E Y C O M P O S I T O R
M E S T Y L E A U S H U C J
S R D R X H J B S O A X C H
D O J X Q O S F S V V N N H
W S I N T E N S I O N E M B
C H O R E O G R A P H Y W I
Y W O L O R C H E S T R A J
S K L O O A U D I T O R E S
E X P R E S S I V U M G G S
```

ARTIS
COMPOSITOR
CHOREOGRAPHY
SALTATORES
RECENSENDUM
STYLE
EXPRESSIVUM
GESTU
DECORUM
ARTE

INTENSIONEM
MUSCULI
MUSICA
ORCHESTRA
USU
AUDITORES
NUMERO
SOLO
ARS

30 - Conservação

```
N  E  T  A  P  E  S  T  I  C  I  D  E  O
A  N  D  Q  R  S  H  C  U  R  S  U  S  O
T  G  S  U  T  W  L  A  L  I  Q  U  A  M
U  J  E  A  C  N  K  E  N  U  L  L  A  M
R  P  C  A  L  A  D  L  O  V  T  C  R  L
A  P  O  L  L  U  T  I  O  Y  R  K  V  F
L  B  S  G  S  O  T  I  G  Z  J  K  E  S
I  V  Y  J  C  R  I  E  O  R  H  N  W  W
S  N  S  C  R  G  Y  I  M  N  A  G  P  T
C  W  T  J  J  A  U  A  G  X  B  E  J  U
B  Q  E  Y  D  N  Z  V  I  R  I  D  I  S
S  X  M  Y  E  I  K  W  X  J  T  E  W  J
D  N  Y  G  Z  C  V  P  Y  Y  A  X  H  Q
R  E  D  U  C  E  R  E  K  L  T  L  X  N
```

ALIQUAM
AQUA
CURSUS
CAELI
ECOSYSTEM
EDUCATION
HABITAT
NATURALIS

ORGANIC
PESTICIDE
POLLUTIO
REDUCERE
SALUTEM
NULLAM
VIRIDIS

31 - Adjetivos #1

```
I  D  E  M  A  B  S  O  L  U  T  A  Z  T
P  E  R  F  E  C  T  U  M  H  M  I  M  E
I  B  T  E  N  U  I  S  L  C  U  D  J  N
E  F  O  X  L  I  B  E  R  A  L  I  S  E
T  A  R  O  M  A  T  I  C  U  M  D  P  B
A  M  E  T  A  R  D  U  S  Q  Q  Z  I  R
M  R  Y  I  G  C  M  O  D  E  R  N  H  I
B  J  C  C  N  I  M  G  R  A  V  I  S  S
I  L  U  A  A  R  A  G  I  R  A  C  U  B
T  B  N  Z  N  K  X  C  N  T  L  X  L  J
I  I  L  A  J  U  I  S  G  I  F  X  D  M
O  Y  G  J  P  L  M  Q  E  S  B  P  Z  H
S  F  X  Y  P  X  U  F  N  T  N  H  Q  G
A  J  V  H  O  F  S  A  S  W  I  F  L  C
```

ABSOLUTA	MAGNA
AMBITIOSA	AMET
AROMATICUM	IDEM
ARTIS	MAXIMUS
NIBH	TARDUS
INGENS	ARCANUM
TENEBRIS	MODERN
EXOTIC	PERFECTUM
TENUIS	GRAVIS
LIBERALIS	

32 - Insetos

```
N  R  L  I  H  W  P  J  A  C  G  O  P  U
D  R  A  G  O  N  F  L  Y  I  R  A  N  T
V  E  R  M  I  S  U  A  T  C  I  V  G  E
B  M  M  W  U  M  E  D  E  A  L  X  L  R
F  L  T  Y  A  C  Y  Y  R  D  L  J  U  U
U  L  A  W  A  S  C  B  M  A  U  T  I  S
B  W  Y  S  S  P  U  I  Q  S  N  H  M
L  E  Y  N  T  R  R  G  T  L  Q  F  J  Z
C  K  E  D  C  A  O  N  E  C  P  T  C  M
A  A  M  T  U  Q  M  R  A  P  H  I  D  A
P  A  P  I  L  I  O  P  N  G  U  N  H  N
I  U  R  I  E  E  G  N  J  U  F  E  A  T
S  V  V  K  X  S  X  U  T  C  A  A  U  I
D  B  U  O  Q  V  N  C  K  C  M  Z  V  S
```

APIS	UTERUS
BLATTAM	DRAGONFLY
BEETLE	MANTIS
PAPILIO	TINEA
CICADA	VERMIS
TERMITE	CULEX
ANT	APHID
GRILLUS	WASP
LADYBUG	

33 - Paisagens

```
H  K  C  W  H  M  I  Q  C  L  W  S  S  F
M  T  E  O  I  W  F  C  S  Q  L  M  I  L
J  A  V  C  L  U  C  T  E  L  V  F  N  U
C  A  V  E  L  N  C  M  E  B  A  M  U  M
M  V  Z  A  C  M  J  G  W  X  E  C  M  E
W  C  O  N  V  A  L  L  I  S  B  R  U  N
U  O  B  U  F  R  T  U  N  D  R  A  G  S
A  K  E  M  Y  E  P  A  L  U  S  U  Y  Y
G  L  A  C  I  E  R  X  R  Y  W  Z  F  I
X  I  C  O  A  S  I  S  A  A  J  Q  Y  N
V  R  H  M  O  N  T  E  M  D  C  J  A  S
P  E  N  I  N  S  U  L  A  Q  K  T  Z  U
W  G  X  U  H  D  E  S  E  R  T  O  A  L
T  P  U  V  V  O  L  C  A  N  O  A  H  A
```

CATARACTA	MONTEM
CAVE	OASIS
HILL	OCEANUM
DESERTO	PALUS
GLACIER	PENINSULA
SINUM	BEACH
ICEBERG	FLUMEN
INSULA	TUNDRA
LACUS	CONVALLIS
MARE	VOLCANO

34 - Dança

```
C U R Z X M N U M E R O C L
M U R N F O S O C I U M A C
Z K L R R T C O R P U S Y Z
Y Q R T B U V I S U A L R L
G K C M U S I C A M V S N L
C R E X P R E S S I V U M A
S T A T U R A M G G S S E E
V D N T T R A D I T U M S T
F W K Q I A F F E C T U S A
C H Y C L A S S I C A L L O
C H O R E O G R A P H Y F T
M Z E R E C E N S E N D U M
A C A D E M I A E D L W Q Z
V I Z C U L T U R A E Y V A
```

ACADEMIAE
LAETA
ES
CLASSICAL
CHOREOGRAPHY
CORPUS
CULTURA
CULTURAE
AFFECTUS
RECENSENDUM

EXPRESSIVUM
GRATIA
MOTUS
MUSICA
SOCIUM
STATURAM
NUMERO
TRADITUM
VISUAL

35 - Nutrição

```
C  T  S  S  L  L  I  Q  U  O  R  E  S  N
O  O  A  E  C  I  B  U  S  A  S  Q  J  O
N  X  N  R  O  E  B  B  V  T  P  G  A  C
D  I  U  V  N  F  E  R  M  E  N  T  U  M
I  N  S  O  C  L  R  Z  A  M  A  R  A  C
M  Q  U  Q  O  A  P  P  E  T  I  T  U  S
E  U  M  D  C  Z  C  T  T  C  U  Z  P  A
N  A  D  P  T  A  N  Y  G  I  O  M  O  P
T  L  A  D  I  P  I  S  C  I  N  G  N  O
U  I  T  I  O  L  B  X  F  R  B  O  D  R
M  T  B  E  N  S  A  L  U  T  E  M  U  E
K  A  C  T  E  D  U  L  I  S  G  D  S  M
Y  S  F  Z  M  V  I  T  A  M  I  N  U  M
C  A  R  B  O  H  Y  D  R  A  T  E  S  U
```

AMARA	CONDIMENTUM
APPETITUS	CIBUS
ADIPISCING	PONDUS
CARBOHYDRATES	SERVO
EDULIS	QUALITAS
DIET	SAPOREM
CONCOCTIONEM	SANUS
LIBRATUM	SALUTEM
FERMENTUM	TOXIN
LIQUORES	VITAMINUM

36 - Disciplinas Científicas

```
K S U D C H E M I A I P W W
I M M U N O L O G Y V H S N
S O C I O L O G I A E Y G S
Y T W S M N B K V V T S X A
C A N T I Q U I T A T I S N
M E T E O R O L O G Y O M A
N E U R O L O G Y L V L O T
M I N E R A L O G Y O O P O
O E C O L O G I A S W G D M
K I N E S I O L O G Y Y Y I
N E D E R L A N D I C A E A
Q O G R A M M A T I C A F U
B I O C H E M I S T R Y X G
M A S T R O N O M I A B R P
```

ANATOMIA	IMMUNOLOGY
ANTIQUITATIS	GRAMMATICA
ASTRONOMIA	METEOROLOGY
BIOLOGY	MINERALOGY
BIOCHEMISTRY	NEUROLOGY
KINESIOLOGY	DUIS
OECOLOGIA	CHEMIA
PHYSIOLOGY	SOCIOLOGIAE
NEDERLANDICAE	

37 - Meditação

```
M  M  I  K  H  M  M  W  S  X  O  U  M  G
U  I  E  V  M  E  D  O  K  F  V  Q  I  A
S  Z  S  N  B  N  U  V  T  F  Y  H  S  C
I  N  T  E  T  S  Z  L  H  U  M  I  E  C
C  U  A  H  R  I  U  Q  B  V  S  P  R  E
A  Z  T  A  Z  I  S  A  E  A  M  N  I  P
D  W  U  B  D  O  C  T  R  I  N  A  C  T
B  K  R  I  Z  P  P  O  V  U  B  T  O  I
G  R  A  T  I  A  S  V  R  T  Y  U  R  O
V  R  M  U  S  C  C  W  W  D  E  R  D  P
P  R  O  S  P  E  C  T  U  M  I  A  I  E
F  E  T  S  V  M  F  W  L  Q  Q  A  A  R
O  B  S  E  R  V  A  T  I  O  N  E  M  A
W  H  A  F  F  E  C  T  U  S  H  L  L  M
```

ACCEPTIO	MENS
OPERAM	MOTUS
MISERICORDIAM	MUSICA
MISERICORDIA	NATURA
AFFECTUS	OBSERVATIONE
DOCTRINA	PACEM
GRATIA	PROSPECTUM
HABITUS	STATURAM
MENTIS	

38 - Artes Visuais

```
B  C  Q  A  U  P  A  L  M  A  R  I  U  S
L  E  O  S  Q  D  C  R  L  D  Y  E  Q  T
A  R  C  H  I  T  E  C  T  U  R  A  W  E
C  A  R  B  O  N  E  S  V  I  E  Y  I  N
E  F  F  I  G  I  E  S  E  S  F  Q  E  C
F  Q  H  K  T  B  I  T  H  B  R  E  D  I
P  H  O  T  O  G  R  A  P  H  P  J  X  L
C  L  V  U  F  M  R  W  I  L  N  E  I  P
R  Q  K  G  R  A  P  H  I  U  M  I  N  I
E  A  O  H  J  J  X  I  H  T  Y  E  C  C
T  G  L  O  S  S  A  R  I  U  M  V  T  T
A  H  D  O  T  I  U  M  H  M  G  P  K  U
B  J  C  O  M  P  O  S  I  T  I  O  V  R
A  J  P  R  O  S  P  E  C  T  U  M  T  A
```

LUTUM
ARCHITECTURA
ARTIFEX
PEN
CARBONES
OTIUM
CERA
COMPOSITIO
GLOSSARIUM

STENCIL
DUIS
PHOTOGRAPH
CRETA
GRAPHIUM
PALMARIUS
PROSPECTUM
PICTURA
EFFIGIES

39 - Instrumentos Musicais

```
D  C  D  E  T  U  B  A  C  E  L  L  O  T
J  R  X  V  I  T  A  E  P  T  W  J  P  I
C  B  X  T  V  I  S  G  V  I  E  P  E  B
H  I  U  L  G  K  S  O  U  B  E  I  R  I
A  R  T  G  U  T  O  N  N  I  Y  A  C  A
R  I  Y  H  S  F  O  G  T  A  Y  N  U  D
M  A  M  C  A  A  N  V  Q  E  T  O  S  B
O  R  P  G  P  R  X  N  U  Q  A  A  S  J
N  B  A  N  J  O  A  O  E  F  A  J  U  Z
I  R  N  D  E  X  T  B  P  E  Q  N  S  I
C  J  U  M  T  B  J  S  C  H  G  U  W  G
A  S  M  V  T  R  A  K  R  B  O  I  L  Y
M  A  N  D  O  L  I  N  R  J  J  N  E  R
T  R  O  M  B  O  N  E  R  Z  W  N  E  C
```

MANDOLIN	TYMPANUM
BANJO	PERCUSSUS
TIBIAE	PIANO
BASSOON	SAXOPHONE
TIBIA	TROMBONE
HARMONICA	TUBA
GONG	VITAE
CITHARA	CELLO
SONATA	

40 - Escola #1

```
M E L D O D U I C I A A A V
A G C H A R T A P T T L M E
G R A P H I U M H V D P I N
I C T K I V N C Q O U H C A
S A H R G A U C I L B A I L
T L E C W N M R N U L B S I
E A D I S C E R E T P E H C
R M R S N R R Z D P R T J I
X I A N D Q I U V A A I W U
M S X U Q B H F A T N W I M
L I B R A R Y F O L D E R S
R E S P O N D E T P I E M Z
S G E T X K S O M I U I O W
C Q Y P M S M F O Y M D V J
```

ALPHABETI   GRAPHIUM
PRANDIUM   VENALICIUM
AMICIS   NUMERI
DISCERE   CHARTA
LIBRARY   FOLDERS
CATHEDRA   MAGISTER
CALAMI   RESPONDET
VOLUTPAT

41 - Adjetivos #2

```
D T N O V U M W I V U J C N
E E O A S I G C F E R A I H
S Y E H U I A K H R Q P J L
C S P B P U C R E A T R I X
R I U R E S O N C M X J D Y
I C R F R A M N O B I L I S
P C U U B L M D O N A T U S
T U S C U S O A S A U V N J
I M S A S A D H Q K D S M E
V O Y L N N O E L E G A N S
E V S I K U D U I S K D E W
T X W D E Q S F O R T I S U
R F R U C T U O S A M E T G
H L R M N A T U R A L I S T
```

VERAM	NOVUM
CREATRIX	SUPERBUS
DESCRIPTIVE	FRUCTUOSA
DONATUS	PURUS
ELEGANS	CALIDUM
NOBILIS	AMET
FORTIS	SALSA
COMMODO	SANUS
NATURALIS	SICCUM
DUIS	FERA

42 - Roupas

```
R C O A T A Q T E M H O I Y
C H L A M Y D E M U C D J U
Y A A N O E L V J A C K E T
D Q I T R H A B I T U U T M
C L C M E N G C V M Y L I O
S I Q Y K S W E A T E R B N
O H N S A N D A L I A U I I
P C I G P U G V E J L H A L
A A B R U L R N P W D P L E
J E L J T L A C I N I A I U
A S O V L A U G K C E T A B
M T U P F N X M V K D X A M
A U S R J E A R M I L L A M
S S E B C C B R A C C A E Y
```

BLOUSE
BRACCAE
SHIRT
COAT
HAT
CINGULUM
MONILE
JACKET
CHLAMYDEM
CAESTUS

TIBIALIA
MORE
PAJAMAS
ARMILLAM
LACINIA
SANDALIA
NULLA NEC
SWEATER
HABITU

43 - Herbalismo

```
S T A R E U U O R I G A N I
Z H Q U A L I T A S W D N Y
P Y R O S M A R I N U S O A
E M F A E N I C U L I E P W
T U L U C H S O M Q E Z J S
R M O A R O M A T I C U M A
O F S I O R C Y U V W C B P
S S U G S T A R S Y Z A A O
E A U Z C U L J O V A S S R
L C B U G S L F P C G I I E
I N G R E D I E N S U A L M
N M W G V S U O H O E S I C
U U Y H Q Q M N I E C P U C
M P L A N T A B O L J E S F
```

CROCUS
ROSMARINUS
ALLIUM
AROMATICUM
UTILE
FLOS
FAENICULI
INGREDIENS
HORTUS

CASIA
BASILIUS
ORIGANI
PLANTA
QUALITAS
SAPOREM
PETROSELINUM
THYMUM

44 - Férias #1

```
V  I  V  A  M  U  S  T  R  A  M  H  C  E
T  C  U  P  Q  V  I  D  U  L  U  S  O  X
W  U  X  M  V  N  P  L  A  I  V  I  N  P
M  O  N  E  T  Æ  N  R  B  Q  I  Q  S  E
G  U  M  B  R  E  L  L  A  U  A  T  E  D
D  I  S  C  E  S  S  U  M  A  T  A  Q  I
C  K  C  E  V  O  N  Y  G  M  O  K  U  T
R  A  D  G  U  K  T  N  G  E  R  H  A  I
H  U  R  R  H  M  A  N  T  I  C  A  T  O
D  S  G  P  S  J  T  L  A  C  U  S  A  N
I  T  I  N  E  R  A  R  I  U  M  F  Y  E
C  O  N  S  U  E  T  U  D  I  N  E  S  I
M  C  N  H  J  P  P  G  S  B  H  J  Y  V
Y  B  F  W  E  R  T  F  G  T  F  C  K  O
```

CONSUETUDINES
VIVAMUS
ALIQUAM
TRAM
CAR
EXPEDITIONE
UMBRELLA
ITINERARIUM

LACUS
VIDULUS
MANTICA
MONETÆ
MUSEUM
DISCESSUM
CONSEQUAT
VIATOR

45 - Frutas

```
J  C  N  L  E  M  O  N  P  F  X  V  P  D
F  U  R  E  T  I  A  M  I  B  R  T  L  O
X  C  U  P  C  R  N  E  R  X  E  K  J  L
P  U  B  A  L  T  X  H  U  T  O  R  A  O
E  M  U  P  P  I  A  A  M  W  F  J  R  R
R  I  S  A  K  Q  P  R  V  C  M  B  G  Y
S  S  I  Y  W  S  P  F  I  C  U  S  U  U
I  X  D  A  W  L  L  K  A  N  N  B  H  S
C  M  A  N  G  O  E  S  I  R  E  D  M  U
U  J  E  P  U  P  F  E  K  W  V  D  A  N
M  U  U  D  A  I  O  C  G  S  I  V  K  F
L  V  S  U  V  A  V  O  C  A  D  O  O  Y
A  T  N  D  A  R  H  O  N  C  U  S  B  K
K  C  M  O  O  F  R  C  E  R  A  S  U  S
```

AVOCADO	LEMON
ETIAM	APPLE
BERRY	PAPAYA
CERASUS	MANGO
DOLOR	CUCUMIS
FICUS	NECTARINE
RUBUS IDAEUS	PIRUM
GUAVA	PERSICUM
KIWI	UVA
RHONCUS	

46 - Corpo Humano

```
B U V A A V R H O R E H F C
C E D C M T S N O C P Q G Y
R R W K A U R I S C U T I S
U Q I D P P L L T E N L C L
S V S Q J R U S A R A T U E
M E N T U M X T H E R F B S
D I G I T U S N U B I O I A
Z Z E C O L L U M R B H T N
E C N O I Z T Z E U U F U G
F R U R Q M E D R M S R S U
M A X I L L A Q U Y A O I I
T A R S O D Z C M Y O N N N
E I W P K L I N P U Q T U E
I I S R O T S V N H O E Y M
```

ORE   OCULUS
CAPUT   HUMERUM
CEREBRUM   AURIS
COR   CUTIS
CUBITUS   CRUS
DIGITUS   COLLUM
GENU   MENTUM
MAXILLA   SANGUINEM
MANU   FRONTE
NARIBUS   TARSO

47 - Restaurante #1

```
H  I  P  R  M  V  U  Y  V  W  S  P  N  C
X  G  R  E  S  E  R  V  A  T  I  O  L  A
S  B  Y  C  Q  S  U  D  A  R  I  O  N  P
P  A  N  E  M  T  P  P  Z  I  U  M  P  U
O  U  L  V  O  I  A  U  Q  K  R  S  C  L
U  P  W  Q  V  B  Z  Y  L  B  N  G  K  U
C  I  B  U  M  U  V  N  P  L  A  I  C  S
R  U  N  D  D  L  Z  Y  I  M  U  Y  O  F
A  L  N  M  M  U  L  A  U  V  O  M  N  M
T  R  B  E  E  M  R  Z  M  C  N  K  D  R
E  D  B  N  F  N  X  Z  I  S  X  H  I  O
R  K  E  U  Y  T  S  K  T  N  R  G  T  K
B  T  W  P  A  R  F  A  M  U  L  A  U  N
C  O  N  D  I  M  E  N  T  U  M  S  S  N
```

URNA	MENU
CAPULUS	CONDIMENTUM
CIBUM	PANEM
VESTIBULUM	CONDITUS
PULLUM	RESERVATIO
FAMULA	MENSA
SUDARIO	CRATER

48 - Caminhada

```
O F W P R A E P A R A T I O R
R L A S S U S L S Q D D K F
I T M V U H W Y M Q U T C U
E E S I M O N T E M C A Z C
N M O N A T U R A H E B G U
T P L W P A R C I S S E R L
A E O C C A S T R A F R A M
T S P F A Q U B N N V N V E
I T U N E E D F L I K U I N
O A P L M R L L L M Z S S C
N S B X I U A I B A R V K V
L A P I D E S G R L Q B K I
X U C Y H V S C Y I T G Q S
X I J V H J N A M A R B P Q
```

CASTRA   NATURA
ANIMALIA   ORIENTATION
AQUA   PARCIS
TABERNUS   LAPIDES
LASSUS   GRAVIS
CAELI   PRAEPARATIO
CULMEN   FERA
DUCES   SOL
MAP   TEMPESTAS
MONTEM

49 - Água

```
I T O D T Z J D T F N D Z F
R C C V I P L U V I A R Q L
R G E L U L H T E M B I V U
I P A A R V U F W B U N U C
G R N C U A M V S E D K C T
A O U U B P I E I R E A A U
T C M S O O D T J U Z B N S
I E Z U F R I E G K M L A E
O L U Y F A T S Z E H E L C
N L J Q G X A I R Z Y U I W
E A Y L R S S A W X G S S Y
S E E V A P O R A T I O E P
F L U M E N I X S D N S J R
H P J C B F F J S J P H G B
```

CANALIS	LACUS
PLUVIA	ETESIA
IMBER	NIX
EVAPORATIO	OCEANUM
PROCELLAE	FLUCTUS
GELU	DRINKABLE
ICE	FLUMEN
GEYSER	HUMIDITAS
DILUVIUM	VAPOR
IRRIGATIONES	

50 - Ecologia

```
V D V A R I E T A T E I E U
P I R L S F S H A B I T A T
L V R N A T U R A C W Q A S
A E B E B E S O J L R Z A P
N R M O N T E S L E D I I E
T S M P U T S V K C X O F C
I I A E L E I A F I D B S I
S T R S L U P A L U D E M E
Z A I M A C I X O U B T W S
C S N V M X A X R P T W Y Q
V T E C O Q I E A C O E G A
O P N A T U R A L I S S M H
S I C C I T A T E I G X H W
C O M M U N I T A T E S M E
```

CAELI
COMMUNITATES
DIVERSITAS
SPECIES
FLORA
HABITAT
MARINE
MONTES
NATURALIS

NATURA
PALUDEM
PLANTIS
OPES
SICCITATE
SALUTEM
NULLAM
VARIETATE
VIRENTIA

51 - Família

```
Q  Z  J  L  V  F  V  C  C  Y  H  Y  F  L
P  U  E  R  I  T  I  A  O  E  B  L  I  C
M  X  E  R  R  C  T  L  S  G  Q  U  L  T
A  O  H  P  U  E  R  Q  I  O  N  X  I  Z
T  R  N  E  P  T  I  S  E  A  R  A  I  N
E  O  A  Y  N  N  E  P  O  S  D  O  T  P
R  F  V  C  A  M  A  T  E  R  T  E  R  A
N  R  I  P  A  T  E  R  O  P  M  Z  J  T
O  A  A  F  Y  X  H  C  P  A  M  B  L  R
L  T  M  I  J  R  E  N  A  T  A  N  H  U
I  E  R  R  T  E  M  K  V  E  T  B  P  U
P  R  Q  L  B  T  Q  E  U  R  E  M  R  S
O  W  A  C  Y  W  P  Q  S  N  R  W  L  E
A  N  C  E  S  T  O  R  V  I  T  O  V  D
```

ANCESTOR	VIR
AVIA	MATERNO
AVUS	MATER
PUER	PATER
FILII	PATERNI
UXOR	COGNATA
FILIA	NEPTIS
PUERITIA	NEPOS
SOROR	MATERTERA
FRATER	PATRUUS

52 - Férias #2

```
E V U V D X A K O H U B H P
H N A L L S L T B T E F H V
T B S Y M N I M A G I N E S
A E K J O Z E A Y F D U A G
B A D V N E N P L Z P L M P
E C A S T R A Y I A S L E Z
R H O T E L X V Z I H A T T
N C E Y S R E L I T T U R X
A S I N G R A P H U S E H K
C T M Z D V I S A P J K R Z
U J A I N S U L A M A R E F
L M W X A R D R N Q H U S T
U B V H I Y J P K E T N D F
M F E R I A S E O P M K I G
```

CASTRA   MONTES
ELIT   SINGRAPHUS
ALIENA   BEACH
FERIAS   AMET
IMAGINES   TAXI
HOTEL   TABERNACULUM
INSULA   NULLA
OTIUM   ITER
MAP   VISA
MARE

53 - Edifícios

```
G C M S X T N S Q E O F Y X
A P P S F A R M T E S I X X
R C D W A B T H E A T R U M
A I O K P E D H Z B D Y N R
G O B S E R V A T O R I U M
E Z D L F N H W F B W M U F
K N U L L A F A C T O R Y M
S T I L B C H O R R E U M C
Q C S E L U A N Z D D T M A
E T H K B L S S B B J O U M
J I F O R U M R T S C N S E
V J Z L L M T U R R I S E R
H O T E L A G G O U U C U A
M B L E G A T I O N E M M M
```

DUIS	GARAGE
CAMERAM	HOTEL
CASTRUM	NULLA
HORREUM	MUSEUM
LEGATIONEM	OBSERVATORIUM
SCHOLA	FORUM
STADIUM	THEATRUM
FARM	TABERNACULUM
FACTORY	TURRIS

54 - Praia

```
H C W T M E H S A P X R C O
X O O T S U Z A I N C E A M
G R E G E M Y N R V S E N R
C A Z F T C W D T E I F C Q
L C R X Y A V A X S N X E K
O C E A N U M L R O S A R O
L A C U N A K I B L U E J J
I X X M M A W A T V L Z S U
N X J B V A V C M U A Y H F
T T C R Y A R I N A V I S Z
E V T E T B R E D L H A K O
U T C L E I J N B C G H W S
M Z L L E J O N T G Z J F T
F A W A Q K S E F C J L H G
```

HARENA	LACUNA
BLUE	MARE
NAVI	OCEANUM
CANCER	REEF
ORA	SANDALIA
GREGEM	SOL
UMBRELLA	LINTEUM
INSULA	NAVIS

55 - Xadrez

```
S Q P P A S S I V A K S D B
T N R T S D S V B J N A I A
D I A M E T E R U O N C S D
C G E B L O F F B K Y R C V
C R C N X K R X X Y N I E E
B U E C E R T A M E N F R R
A M P O T E M P U S D I E S
E P T N H S S A P U N C T A
J R A S R F R A L L R I H R
R E G I N A R T T B W U M I
Z E A L J A V L U D U M N U
Y W X I Y W W Z Q I J S B S
R J F O R T I S S I M U S W
G L U D I O L U D I U S Z U
```

DISCERE
ALBUS
FORTISSIMUS
CERTAMEN
DIAMETER
CONSILIO
LUDIO LUDIUS
LUDUM
ADVERSARIUS

PASSIVA
PUNCTA
NIGRUM
REGINA
PRAECEPTA
REX
SACRIFICIUM
TEMPUS

56 - Aventura

```
I N A V I G A T I O N E M J
P T A P R A E P A R A T I O
E C I T R R Q Y J R B H P M
R V P N U H M L D F I H U I
E E I J E R F J D K S N L R
G V T R P R A O Z S T Y C U
R F D W T G A U D I U M H M
I U T L C U Q R W J D S R A
N O V U M Y T V I I I A I C
A M I C I S G E Y U U L T T
N E I N S O L I T A M U U I
D I F F I C U L T A S T D O
U O C C A S I O N E M E O S
M F O R T E R U L T E M S A
```

GAUDIUM   INSOLITA
AMICIS   ITINERARIUM
ACTIO   NATURA
PULCHRITUDO   NAVIGATIONEM
VIRTUTE   NOVUM
FORTE   OCCASIONEM
DIFFICULTAS   PRAEPARATIO
STUDIUM   SALUTEM
PEREGRINANDUM   MIRUM

57 - Surf

```
R D C G V I A S O O L S T E
I V B E A C H T J D Z P U X
K N F Q L O E Y H N D U R T
U U C M B E P L P L Z M B R
J N R E E F R E O S E A A E
J D V G P V K I X E U T S M
H A X M R T R T T Z P A A A
P I X C J M O C E A N U M Y
Z F B P C C V S L Z T W N Z
F O R T I S S I M U S E L Y
M J P S Q P O P U L A R I S
S T O M A C H U M P A L R R
T E M P E S T A S X A P U Q
F O R T I T U D O N I A L Q
```

ATHLETA   OCEANUM
FORTISSIMUS   UNDA
SPUMA   POPULARIS
STYLE   BEACH
STOMACHUM   INCEPTOS
EXTREMA   CELERITATE
FORTITUDO   REEF
TURBAS   TEMPESTAS

58 - Floresta Tropical

```
R  T  T  R  U  N  C  A  T  I  S  I  N  S
B  E  N  Q  M  A  A  G  L  N  E  T  U  P
O  P  F  N  Y  M  E  R  X  S  L  C  B  E
T  V  S  U  C  P  L  N  D  E  H  A  E  C
A  B  C  L  G  H  I  T  B  C  D  Y  S  I
N  I  R  L  M  I  Y  X  P  T  X  Y  N  E
I  G  R  A  G  B  U  N  W  A  T  I  A  S
C  H  P  M  O  I  U  M  D  Y  U  W  T  D
A  F  K  O  T  A  N  Q  U  A  N  T  U  M
M  V  D  I  V  E  R  S  I  T  A  S  R  U
K  G  E  S  A  L  U  T  E  M  A  M  A  S
O  J  I  S  P  R  E  T  I  O  S  U  M  C
C  O  M  M  U  N  I  T  A  S  A  H  R  U
R  E  S  T  I  T  U  T  I  O  N  E  M  S
```

AMPHIBIA	NATURA
BOTANICA	NUBES
CAELI	AVES
COMMUNITAS	REFUGIUM
DIVERSITAS	QUANTUM
SPECIES	RESTITUTIONEM
INSECTA	TRUNCATIS
NULLAM	SALUTEM
MUSCUS	PRETIOSUM

59 - Cidade

```
D N Z P U J L P A R V S K I
S T O R E U G I C M I Y Q K
F L O R I S T S H F E P P K
J U H I T Y U T R N Q T A L
V L G A L L E R Y X C O N M
A T Q U I F B I P P C T B X
T T B X B O H N E E M L H P
Q Y D N R R M U L E G E T W
S F N F A U Y M I F F E R M
J C P R R M Q E T Z D B B U
V C H Z Y H O T E L E X O S
O Q F O B O O K S T O R E E
T E Z S L S T A D I U M B U
T I T H E A T R U M K A M M
```

ELIT
RIPAM
LIBRARY
EGET
SCHOLA
STADIUM
ATQUI
FLORIST
GALLERY

HOTEL
EXO
BOOKSTORE
STORE
MUSEUM
PISTRINUM
AMET
FORUM
THEATRUM

60 - Matemática

```
D  S  U  M  M  A  B  M  E  O  V  F  A  B
E  I  M  E  I  F  R  A  C  T  I  O  E  K
C  M  V  G  E  O  M  E  T  R  I  A  Q  P
I  A  R  I  T  H  M  E  T  I  C  A  U  A
M  Q  T  N  S  R  A  D  I  U  S  M  A  R
A  U  P  E  R  I  M  E  T  E  R  P  T  A
L  A  Y  E  X  P  O  N  E  N  T  R  I  L
E  D  N  J  B  S  P  H  A  E  R  A  O  L
S  R  I  S  M  P  L  T  N  S  Y  E  C  E
X  A  D  A  V  A  M  D  G  E  W  D  T  L
L  T  N  U  M  E  R  I  U  T  W  I  X  A
V  U  X  I  O  I  Z  D  L  Z  I  T  G  Z
M  M  V  X  A  S  T  S  I  Z  X  I  X  W
R  E  C  T  A  N  G  U  L  U  M  S  F  V
```

ARITHMETICA	GEOMETRIA
ANGULI	NUMERI
DECIMALES	PARALLELA
DIAM	PERIMETER
DIVISIO	QUADRATUM
AEQUATIO	RADIUS
SPHAERA	RECTANGULUM
EXPONENT	PRAEDITIS
FRACTIO	SUMMA

61 - Natureza

```
S Y B P C A L I G O S N M S
F I V T R O P I C A L U O A
R L L A H D L E S R R B N N
O J W V S E A K S C F E T C
N S H S A S N G U T L S E T
D P T R J E I N S I U N S U
E C D N I R M R C C M Q L A
Y X M V I T A L I S E K R R
I U E D G O L S P F N Y J I
M Z L S S G I B I E T Q I U
B L Y K A J A I T R X K B M
P A C I S E R E N A K E A P
Z W G G L A C I E R G N T W
P U L C H R I T U D O V Z L
```

APES   MONTES
ANIMALIA   CALIGO
ARCTIC   NUBES
PULCHRITUDO   PACIS
DESERTO   FLUMEN
SUSCIPIT   SANCTUARIUM
EXESA   FERA
SILVA   SERENA
FRONDE   TROPICAL
GLACIER   VITALIS

62 - Preencher

```
P E R S C R I P T O R E M F
C N G S D P W M A C U P H A
A V I I I P W S G T U B E S
N U N N Z T U Z W L N A U C
I D V U C Y U U Y Y N G I I
S F O L D E R L K Q Y V I C
T O L L K S F V A S E Y E U
R Y U L I U G U T R E M I L
U F C A L U V I D U L U S U
M L R G A P M A T I A T O S
C H U A B Y I I S C N X W K
L T M N R F B K C K N I A H
X K J K U F G P G Y D W T S
O W X S M F Y V V U P Y J X
```

LABRUM   VIDULUS
SITULA   VAS
DOLIUM   FASCICULUS
SINU   FOLDER
CANISTRUM   BAG
INVOLUCRUM   TUBE
UTREM   VASE
PERSCRIPTOREM

63 - Animais de Estimação

```
T  B  H  E  G  T  D  C  X  W  I  P  F  V
U  O  I  L  Z  D  M  M  U  T  O  S  Q  E
R  S  R  U  C  E  F  Z  U  K  C  I  V  T
T  C  C  Q  A  U  L  A  C  E  R  T  A  E
U  M  U  U  U  P  Q  C  D  Y  P  T  H  R
R  U  M  U  D  E  N  A  E  R  C  A  W  I
N  S  N  I  A  C  M  Q  O  L  F  C  T  N
T  M  B  G  L  E  P  U  S  N  Q  U  P  A
E  T  H  P  U  P  C  A  N  I  S  S  M  R
B  U  V  L  G  I  U  Y  Z  U  F  C  K  I
B  N  R  R  J  S  B  P  D  M  G  J  M  U
R  M  M  O  W  C  V  U  P  J  M  S  E  S
A  Y  W  P  F  E  L  I  S  Y  G  L  T  D
O  S  F  Z  C  S  H  K  M  I  H  V  B  Q
```

AQUA	FELIS
HIRCUM	LACERTA
PUPPY	MUS
CAUDA	PSITTACUS
CANIS	PISCES
LEPUS	TURTUR
TORQUEM	BOS
UNGUIBUS	VETERINARIUS

64 - Escalada

```
C O R P O R I S R F N A B Z
N L B D W U P D G I M R N K
A Z N B F S A L T I T U D O
C A V E Y O E A N G U S A A
U D C A J I R I U U M R R A
R C T P E R I T U S A D S L
I C K V T R S I I E P R H X
O A S T A B I L I T A T E M
S E U P B D G J L T U R H V
I S X J E H U A M L J D H F
T T A C R L E C L T L O O J
A U H B N M B U E E T D L K
S S S N U K R S M S A Z F M
L S T F S A B R H I R M W T
```

ALTITUDO   STABILITATEM
AERIS   ANGUSTA
TABERNUS   CORPORIS
GALEAM   FORTITUDO
CAVE   DUCES
CURIOSITAS   CAESTUS
PERITUS   MAP

65 - Aviões

```
H C O N S T R U C T I O N E
I A V A G E N G I N E C N S
S E H V W U D T F B D A F C
T L I I B D B W F G L S L A
O U C G F V D E H Q U U T O
R M R A I K X U R A P S M K
I J K R N Q Q T H N E U N V
A P F E Z T N H X A A R K L
A Y C F R Q A Z J E N T I J
B A L L O O N V V R T B O S
E G M W C A L T I T U D O R
O C O N S E C T E T U E R J
V E R S U S P O R T U M D O
D E S C E N S U S M O O B O
```

ALTITUDO	DESCENSUS
AER	VERSUS
PORTUM	CONSECTETUER
AERIS	HISTORIA
CASUS	ENGINE
BALLOON	NAVIGARE
CAELUM	GUBERNATOR
ESCA	CANTAVIT
CONSTRUCTIONE	

66 - Tipos de Cabelo

```
B U E N O B F H A Q M L M Z
E G J F C S M O L L I S R R
L A R L I I L C B R O W N C
F S F A A C O L O R A T U M
T S M V Y C R A A S C E A P
D E N I Q U E A Z C A N R S
B A I S I M X A S P L U G L
B P G A S V C B C S V I E W
D G R N O L M A L B U S N C
E D U U T O R T I S S S T R
Z N M S W P A R E B F Y U U
C I N C I N N I S D Z A M S
U L J M R P X T V G I E A H
L T U G E V C R I S P U S Q
```

ALBUS
CRUS
CINCINNIS
CALVUS
GRAY
COLORATUM
DENIQUE
CRISPUS
TENUIS
CRASSUS

FLAVIS
DIU
BROWN
ARGENTUM
NIGRUM
SANUS
SICCUM
MOLLIS
TORTIS

67 - Formas

```
A R C O Q P O L Y G O N U M
N Z O V D U Z G A U M A C C
H E N A W I A C P J X N U I
V B I L C X L D U I G G R R
E D C Y L I N D R O J U V C
E O N C N A Q H L A Q L A U
W L P A R T E F M F T O N L
S E L I N E A G Z X E U X U
W P T I X X Q C F Z W F M S
Z K H A P P Y R A M I D I S
O L Z A N S W Y N K R O J F
M R M W E J I I F Z B W T K
L V W Y H R E Y Z O M V I M
C U B U S O A P R I S M A C
```

ARC   SPHAERA
ANGULO   PARTE
CYLINDRO   LINEA
CIRCULUS   OVAL
CONI   PYRAMIDIS
CUBUS   POLYGONUM
CURVA   PRISMA
ELLIPSI   QUADRATUM

68 - Dias e Meses

```
I  H  N  R  J  S  J  U  L  Y  K  Z  D  C
Y  Q  J  U  A  A  U  O  O  Y  B  L  W  A
M  R  A  A  N  T  N  Q  V  F  O  T  F  L
M  D  Z  N  U  U  E  B  B  I  J  F  A  E
N  E  Z  N  A  R  O  A  Y  B  S  L  Y  N
S  C  N  O  R  D  O  M  I  N  I  C  A  D
A  E  T  S  Y  A  U  G  U  S  T  N  X  A
L  M  P  O  E  Y  A  P  R  I  L  I  S  R
I  B  I  T  S  E  P  T  I  M  A  N  A  R
Q  E  F  Z  E  V  E  N  E  R  I  S  K  Y
U  R  D  M  W  M  N  O  V  E  M  B  E  R
A  E  Y  J  M  Z  B  M  G  L  J  S  Q  T
M  O  N  D  A  Y  F  E  B  R  U  A  R  Y
V  H  U  Z  J  F  M  A  R  T  I  S  D  V
```

APRILIS	MENSE
AUGUST	NOVEMBER
ANNO	ALIQUAM
CALENDAR	JOVIS
DECEMBER	SATURDAY
DOMINICA	MONDAY
FEBRUARY	SEPTIMANA
JANUARY	SEPTEMBER
JULY	VENERIS
JUNE	MARTIS

69 - Geografia

```
T E R R I T O R I O Y A C H
M O N T E M K X E S R T V E
R C U R B E M I N S U L A M
M E R I D I A N U S D A K I
L A E M E R I D I E M S R S
Q N G C D C F Y W Y F R N P
C U I A O U G S B P T K M H
A M O U F N O R T H J I A A
P M N E L A T I T U D O R E
R V E C A L T I T U D O E R
P A T R I A D Z N W M A P I
N L A N D F L U M E N X P O
K E R V V G X J G S N A W Q
M U N D I H Z L X T J S V Y
```

ALTITUDO
ATLAS
URBEM
CONTINENS
HEMISPHAERIO
INSULA
LATITUDO
MAP
MARE
MERIDIANUS

MONTEM
MUNDI
NORTH
OCEANUM
WEST
PATRIA
REGIONE
FLUMEN
MERIDIEM
TERRITORIO

70 - Antártica

```
N U C E T E W O Y A Q U A P
U H E O G I M F E V B A I M
B A Y M N I A Z R E D G W I
E Q E G N T L W O S Z M G Z
S O I N Q U I S I T O R E M
D J V W T U O N T O R T O R
M I G R A T I O E F S E G I
E N V I R O N M E N T M R N
M H E H K C M M G U S P A S
E X P E D I T I O N E E P U
Y S C I E N T I F I C S H L
P E N I N S U L A E S T I A
B X I I C E R O C K Y A A E
M I N E R A L I B U S S B O
```

ENVIRONMENT
AQUA
BAY
CETE
SCIENTIFIC
CONTINENS
EXPEDITIONE
ICE
GEOGRAPHIA
INSULAE

INQUISITOREM
MIGRATIO
MINERALIBUS
NUBES
AVES
PENINSULA
ROCKY
TORTOR
TEMPESTAS

71 - Flores

```
N  F  L  K  F  P  T  U  L  I  P  A  T  I
A  X  E  V  X  L  P  H  I  B  I  S  C  O
R  G  L  Z  H  U  O  A  L  I  L  I  U  M
C  R  O  S  A  M  R  S  P  R  T  G  A  D
I  P  R  J  R  E  C  Q  N  A  M  Z  C  A
S  A  E  M  J  R  H  X  P  C  V  C  D  I
S  E  F  T  D  I  I  L  Q  X  L  E  J  S
U  N  P  B  A  A  D  L  O  N  U  C  R  Y
S  E  D  A  G  L  A  O  P  H  O  T  I  S
I  A  M  A  G  N  O  L  I  A  R  F  G  Q
A  N  V  I  N  G  A  R  D  E  N  I  A  Y
K  C  X  C  A  S  I  A  U  Y  D  O  Q  D
T  A  R  A  X  A  C  U  M  M  Q  O  Y  Z
H  E  L  I  A  N  T  H  U  S  N  X  B  N
```

FLOS
TARAXACUM
GARDENIA
HELIANTHUS
HIBISCO
AENEAN
CASIA
LILIUM
MAGNOLIA

DAISY
NARCISSUS
ORCHID
PAPAVER
AGLAOPHOTIS
PETALORUM
PLUMERIA
ROSA
TULIPA

72 - Fazenda #1

```
C X C O R V U S M G I A N S
H F E A G R O R I C E G V T
T M B Q N F E L I S Q R I E
E C D U I I T K E Y I T R
R Q J A P I S U S P F C U C
R O U E B P X Y A E C U L O
A H M U O I U U Z M H L U R
H E E S S W K L E N A T M A
H I R C U M E L L Z Y U L T
Y J G A S I N U S U M R K Z
S I O Z I J Z O L E M A U N
G R E G E M B J Z G S C T X
X Y V L D T S P L U O P M T
R R Z U J G E O Y G I Y K T
```

APIS
AGRICULTURA
RICE
AQUA
VITULUM
ASINUS
HIRCUM
AGRO
EQUUS
CANIS

SEPEM
CORVUS
HAY
STERCORAT
PULLUM
FELIS
MEL
GREGEM
TERRA
BOS

73 - Livros

```
S  J  U  T  B  E  A  B  F  C  G  D  R  B
C  E  O  K  J  T  F  G  A  O  S  A  T  R
C  A  R  M  I  N  A  B  B  N  O  V  E  P
P  L  S  I  U  O  S  Y  U  T  U  W  E  F
X  E  Z  U  E  C  O  L  L  E  C  T  I  O
X  G  E  N  S  S  I  P  A  X  L  L  U  M
C  A  R  M  E  N  F  E  H  T  Z  A  O  O
K  O  I  U  X  S  C  R  I  P  T  U  M  R
T  R  A  G  I  C  I  T  X  A  A  C  T  I
Z  D  H  J  F  P  Q  I  C  G  L  T  H  B
M  J  P  T  A  Z  J  N  K  E  W  O  Z  U
L  E  C  T  O  R  V  E  R  B  A  R  H  S
C  Q  J  U  L  I  T  T  E  R  A  R  U  M
H  I  S  T  O  R  I  C  A  A  G  B  M  U
```

AUCTOR	VERBA
CASUS	PAGE
COLLECTIO	MORIBUS
CONTEXT	CARMEN
SCRIPTUM	CARMINA
FABULA	PERTINET
HISTORICA	NOVE
LECTOR	SERIES
LITTERARUM	TRAGICI

74 - Chocolate

```
C O N S E Q U A T E Q T H W
R D Q O P L A V D U L C I S
G U S T U S D Z E X O T I C
P U L V E R I S L N W J U A
A X O O L D P U E I T Q E N
R M E L B O I G C N H U C T
T H A Z A L S A T G N A S I
I K O R A O C R A R K L D O
S J D W A R I T M E R I P X
A Y S E D O N Z E D W T U I
N H O V Y G G W N I C A A D
A S A P O R E M T E Z S K A
L M U L D E P M U N L E M N
Z W F C Y B N I M S Z O R T
```

SUGAR   EXOTIC
AMARA   VENTUS
ANTIOXIDANT   GUSTUS
ARTISANAL   INGREDIENS
ADIPISCING   PULVERIS
DOLOR   QUALITAS
DELECTAMENTUM   CONSEQUAT
DULCIS   SAPOREM

75 - Profissões #2

```
C F D G R T J P H Q Y M P W
E I W Q K B Y H C Q T A U I
R W R E M E D I C U S G B S
P B F I Q B P L L D I I L I
H I A P K B R O I D N S I P
Z O G I I J E S N E V T S H
O L R C O H T O G N E E H A
O O I T B E I P U T N R E I
L G C O U R U H I I T E R N
O I O R M L M U S S O S U D
G S L P H C A S T T R W O S
I T A T D R E N G I N E E R
S A S T R O N A U T C N W O
T Q I L I N Q U I S I T O R
```

AGRICOLA   INVENTOR
ASTRONAUT   HORTULANUS
BIOLOGIST   WISI
DENTIST   LINGUIST
INQUISITOR   MEDICUS
PUBLISHER   PICTOR
ENGINEER   MAGISTER
PHILOSOPHUS   ZOOLOGIST
PRETIUM

76 - Fazenda #2

```
I  F  K  D  T  S  T  O  X  N  M  P  I  T
O  R  C  H  A  R  D  R  C  C  J  R  W  R
A  U  R  C  F  P  F  H  I  I  V  A  H  A
G  M  F  I  E  J  R  P  O  T  H  T  I  C
R  E  W  A  G  N  U  S  I  R  I  I  E  T
I  N  P  N  L  A  C  M  N  T  D  C  U  O
C  T  W  A  S  N  T  N  F  V  E  U  R
O  U  Y  T  B  I  U  I  K  Y  O  U  U  M
L  M  S  I  O  M  S  H  O  P  K  Y  W  M
A  B  V  S  R  A  B  C  V  N  T  S  K  C
L  L  A  M  A  L  J  X  K  W  E  N  O  Z
J  N  H  L  Z  I  D  T  Q  W  M  S  V  W
W  B  Q  F  J  A  M  A  T  U  R  A  E  U
H  O  R  R  E  U  M  U  E  F  Q  H  S  M
```

AGRICOLA	MATURA
ANIMALIA	FRUMENTUM
HORREUM	OVES
HORDEUM	ANATIS
AGNUS	ORCHARD
FRUCTUS	PRATI
IRRIGATIONES	TRACTOR
LAC	TRITICUM
LLAMA	

77 - Jardim

```
F  V  I  T  I  S  E  P  E  M  S  H  E  R
T  R  R  D  C  B  A  N  C  O  Z  O  H  Y
R  U  H  J  F  U  R  R  L  M  L  S  L  I
A  T  X  Q  G  S  B  E  C  X  A  E  J  O
M  R  Y  M  M  H  O  R  T  U  S  O  V  P
P  U  S  Z  G  A  R  A  G  E  L  C  T  G
O  M  T  Z  O  R  C  H  A  R  D  U  L  Z
L  E  U  A  V  J  I  A  H  Y  R  N  M  I
I  S  M  H  B  D  D  M  E  R  S  J  E  Z
N  P  C  X  S  S  Z  M  R  G  Z  Y  C  A
E  J  D  Z  M  X  F  O  B  J  E  P  W  N
E  G  L  G  V  T  N  C  A  F  N  T  K  I
X  K  H  L  I  B  D  K  P  O  T  I  C  A
Q  Z  C  A  V  H  F  K  Y  F  L  O  S  Q
```

SARCULUM	EGET
BUSH	HAMMOCK
ARBOR	HOSE
BANCO	RUTRUM
SEPEM	ORCHARD
ZIZANIA	SOLO
FLOS	XYSTUM
GARAGE	TRAMPOLINE
HERBA	VITIS
HORTUS	

78 - Oceano

```
N Q R I N U O A D A L G D A
U L C S E M L E E T S S P N
S C A N C E R S L U H B I G
O P C F F C E T P N A X S U
I S O O C W E U H A R F C I
R A T N R B F S I H K I E L
O L T R G A O M N A V I S L
B H O K E I L T I L A J W A
C T T A B A A U M G R I E O
S Q U I L L A R G K U A E P
M T E M P E S T A S B D I H
F L U C T U S U B A L E N A
P O L Y P U S R E O J J D Y
J E L L Y F I S H I D H F W
```

TUNA	JELLYFISH
BALENA	FLUCTUS
NAVI	OSTREA
SQUILLA	PISCES
CANCER	POLYPUS
CORAL	REEF
ANGUILLA	SAL
SPONGIA	TURTUR
DELPHINI	TEMPESTAS
AESTUS	SHARK

79 - Profissões #1

```
A M P L N A U T A Y G P C P
T S P M P U W W J E E L A S
T A T A S Z T L D D O U R Y
O L E R A Z V R G C L M T C
R T D T O J K A I W O B O H
N A I I O L E Q F X G A G O
A T T F R T O W D F I R R L
T O O E O H J G E H S I A O
U R R X F E Q I U L T U P G
M R B M U S I C U S E S H I
L E G A T U S J A H X R E S
N M S C I E N T I S T P R T
F I R E F I G H T E R F M P
V E N A T O R W E S I F Z M
```

ATTORNATUM	LEGATUS
ARTIFEX	PLUMBARIUS
ASTROLOGUS	NUTRIX
REMI	GEOLOGIST
FIREFIGHTER	JEWELER
VENATOR	NAUTA
CARTOGRAPHER	MUSICUS
SCIENTIST	THE
SALTATOR	PSYCHOLOGIST
EDITOR	

80 - Campeonato

```
Q  P  I  R  T  L  E  P  R  U  L  R  W  C
C  F  O  R  T  I  S  S  I  M  U  S  L  O
R  A  E  D  A  K  A  Q  B  U  D  D  P  N
N  Q  U  J  V  I  N  D  I  C  I  A  E  S
U  S  D  S  M  Q  R  G  Z  P  S  E  U  I
M  F  I  N  A  L  I  S  T  C  T  Y  I  L
I  M  K  K  A  M  D  O  L  O  R  J  S  I
S  T  O  R  N  E  A  M  E  N  T  U  M  O
M  X  G  P  A  T  I  E  N  T  I  A  O  F
A  E  L  L  F  E  H  U  I  Z  A  W  D  O
G  X  F  L  U  D  O  S  D  E  G  J  M  C
V  I  C  T  O  R  I  A  B  E  P  Q  I  O
F  M  R  N  C  B  G  X  Y  J  X  P  Y  R
P  N  F  H  A  U  M  Y  P  T  D  E  C  I
```

FORTISSIMUS	IUDEX
VINDICIAE	NUMISMA
EUISMOD	CAUSAM
DOLOR	PATIENTIA
LUDIS	TORNEAMENTUM
CONSILIO	RAEDA
FINALIST	VICTORIA
LUDOS	

81 - Castelos

```
R G L A D I U M P K H Y I Y
W J N U Z M K B B H M O N Y
T R Y N E P P A L A T I U M
F K D I D E Q U E S N P S B
P I R C A R M A R E G N U M
Z R S O R I A H X D Q J D J
K B I R C U F C C Y C U W O
Y P W N E M U K O N A S U C
B R U I C U M E R A T C F S
O F F S E I Q N O S A U E Q
M U R U M T P R N T P T U B
T U R R I S V E A I U U D P
P R I N C I P E M A L M A E
V N O B I L I S P K T P L L
```

ARMA	ARCE
CATAPULT	IMPERIUM
EQUES	NOBILIS
EQUUS	PALATIUM
CORONAM	MURUM
DYNASTIA	PRINCIPEM
DRACO	PRINCIPE
SCUTUM	REGNUM
GLADIUM	TURRIS
FEUDAL	UNICORNIS

82 - Escola # 2

```
O P E R A T I O N E S L E V
C T X J U N G R A P H I U M
A L V X N Z R K M X E T A A
L V E D U C A T I O N T X G
E A C A D E M I C A X E I I
N B H P C W M A I U X R C S
D M F V O U A L S C C I I T
A A M O M P T L I Z H S A E
R N Y Z M D I P E B A G R R
L T X L E I C F P C R K A V
K I M A A X A V J B T A R Q
O C L W T S Z M Y P A I R L
N A C V U C O G N I T A O Y
L U D O S C I E N T I A S F
```

ACADEMICA	LUDOS
AMICIS	GRAPHIUM
COGNITA	LECTIO
OPERATIONES	LITTERIS
LIBRARY	MANTICA
CALENDAR	CHARTA
SCIENTIA	MAGISTER
EU	COMMEATUS
EDUCATION	AXICIA
GRAMMATICA	

83 - Abelhas

```
E  T  D  M  I  S  C  E  N  T  U  R  D  H
F  C  Y  E  E  Z  Z  P  R  E  G  I  N  A
L  S  O  L  E  A  M  K  O  P  R  X  Z  B
O  R  O  S  D  L  H  A  S  L  K  A  U  I
R  S  P  L  Y  I  C  T  R  A  L  V  U  T
E  G  T  M  D  S  V  B  R  N  C  E  R  A
B  S  Y  B  T  R  T  E  D  T  W  F  N  T
I  F  L  O  R  E  S  E  R  I  F  R  M  A
T  I  N  S  E  C  T  H  M  S  O  U  Y  L
E  L  F  Q  F  C  E  O  L  Q  I  C  S  V
J  C  R  J  U  R  Q  R  L  F  X  T  P  E
Y  R  S  A  M  Z  U  T  I  L  E  U  A  O
D  R  I  M  U  H  D  U  M  I  I  S  I  S
B  W  J  B  S  P  B  S  C  F  D  M  I  K
```

ALIS	FUMUS
UTILE	HABITAT
CERA	INSECT
ALVEO	HORTUS
DIVERSITAS	MEL
ECOSYSTEM	PLANTIS
MISCENTUR	POLLEN
FLOREBIT	REGINA
FLORES	SOL
FRUCTUS	

84 - Ciência

```
P L A N T I S X A V O E O M
I A E G E T A V M E D X B S
L H R H P P K H O W E P S V
O G M T J E I M L Y Z E E F
E D U G I R M X E J G R R O
Q X I I G C N I C Y R I V S
C A E L I N U R U M A M A S
A M O D U S L L L E V E T I
T I J A V M L R I S I N I L
O N A T U R A X S S T T O E
M W G A P H Y S I C A U N H
S C I E N T I S T E T M E E
A Z V M I N E R A L I B U S
X E S P R A E G R E S S U S
```

ATOM   RUM
SCIENTIST   NULLA
CAELI   MODUS
DATA   MINERALIBUS
PRAEGRESSUS   MOLECULIS
EXPERIMENTUM   NATURA
EO   OBSERVATIONE
PHYSICA   PARTICULIS
FOSSILE   PLANTIS
GRAVITATIS   EGET

85 - Cores

```
I  Q  Y  R  M  P  N  L  B  L  U  E  H  B
U  F  L  A  V  U  M  S  E  B  S  S  Y  P
D  D  N  I  G  R  U  M  I  W  J  Q  A  I
Q  R  E  Q  W  P  E  D  G  R  E  Y  C  N
D  U  T  A  I  U  M  D  E  Y  D  H  I  K
C  O  I  V  I  R  I  D  I  S  F  L  N  Y
S  L  L  G  T  E  B  T  T  K  R  K  T  M
P  K  Q  B  Q  O  H  X  B  A  E  V  H  Y
U  E  R  G  T  L  O  X  O  R  L  N  U  N
R  H  O  N  C  U  S  T  G  F  O  B  M  U
P  W  C  I  J  F  U  N  H  X  P  W  U  A
U  F  U  C  H  S  I  A  L  F  Q  M  N  S
R  B  M  U  K  A  Y  C  V  P  X  D  E  Y
A  R  J  P  X  F  R  X  K  E  Y  P  O  U
```

FLAVUM	BROWN
BLUE	NIGRUM
BEIGE	PINK
ALBUS	PURPURA
PURPUREO	VIRIDIS
GREY	RED
FUCHSIA	HYACINTHUM
RHONCUS	

86 - Comida #1

```
P N X X R Q M H S S A L S T
E J J J P A Y P E U P B Z C
R B D G X Y P B M C G L P E
S P F U N I N A I U M A I P
I N K Y A C F X J S J C R A
C D C H F E F J G M H K U H
U C N U A L L I U M C C L O
M O D W X I W F R A G U M R
T U Q P M T U Y K B W C A D
W U B B Y B A S I L I U S E
M Q N C E R O S Q E A M S U
G F X A Z U J T A M I I A M
J B Y D A U C U S O L S E F
S P I N A C H C W N C E W U
```

SUGAR	LAC
ALLIUM	LEMON
EROS	BASILIUS
TUNA	FRAGUM
MASSAE	RAPA
CEPA	CUCUMIS
DAUCUS	SAL
HORDEUM	SEM
PERSICUM	ELIT
SPINACH	SUCUS

87 - Pássaros

```
P A V O A E F I J F T C P C
G S W A N Q X V L D P I U U
A D I I F I U N U K A C L C
O N I T Q R E I E Z S O L K
V C A I T W M O L A S N U O
U F E T I A F I M A E I M O
M R J W I F C G A P R A Y D
C O R V U S O U H E R O N N
T O U C A N L L S S V Z M A
P K R K E R U L A U O F V O
S G V H S H M P E L I C A N
L Q X O K V B A N S E R E M
E O E B F L A M I N G O W X
M O D E V N M G V F G T J C
```

AQUILA	HERON
GA	OVUM
CICONIA	PSITTACUS
SWAN	PASSER
CORVUS	ANATIS
CUCKOO	PAVO
FLAMINGO	PELICAN
PULLUM	COLUMBAM
GULL	TOUCAN
ANSEREM	

88 - Virtudes #1

```
G L I B E R A L I S R S I K
M U N D U S U S A P I E N S
O P T Y A K T D X P V F K V
D R E V G T U H T N D F W F
E A L D E C R E T O R I U M
S C L C O N F I D I T C B C
T T I U E G U C Z E L I O U
U I G R Q J L S R H U E N R
S C E D I O X B T E E N U I
O A N T U M Z Y X U Y S M O
P S S P A T I E N S S Q L S
L O I A R T I S L W V X R U
D I N D E P E N D E N S F S
I R A C U N D U S X M N I K
```

IRACUNDUS
ARTIS
BONUM
CONFIDIT
CURIOSUS
DECRETORIUM
EFFICIENS
VENUSTUS

LIBERALIS
INDEPENDENS
INTELLIGENS
MUNDUS
MODESTUS
PATIENS
PRACTICA
SAPIENS

89 - Literatura

```
J X B L Y C P C G M N B N R
L B L Y L B O O E X E V U W
C A R M E N E M M E Y M M F
C C D G J Z T P H D X S E R
O O I Q Z N I A Q C J Q R P
N N A D E S C R I P T I O N
C C L R S T A A F I C T A J
O L O V W V I T A U C T O R
R U G M S I M I L I T U D O
D S U X R N X O C Y H N N D
A I S T Y L E N O V E R A P
R O N L F A B E L L A Q U P
E A S A N A L Y S I S L M K
Q H M E T A P H O R A Z H I
```

SIMILITUDO   STYLE
ANALYSIS   FICTA
FABELLA   METAPHORA
AUCTOR   CARMEN
VITA   POETICA
COMPARATIONE   CONCORDARE
CONCLUSIO   NUMERO
DESCRIPTION   NOVE
DIALOGUS

90 - Clima

```
I  M  A  U  R  I  S  T  S  K  G  K  F  V
X  C  U  K  A  Y  T  O  N  I  T  R  U  A
T  K  E  B  V  E  U  K  P  A  C  F  L  U
E  T  E  S  I  A  R  D  Z  U  A  C  G  G
M  R  P  T  R  J  B  I  U  R  L  B  U  M
P  O  R  U  A  S  O  Z  S  A  I  V  R  M
E  P  O  R  W  Y  C  V  I  A  G  I  W  R
S  I  C  C  I  T  A  T  E  P  O  L  A  R
T  C  E  N  U  B  E  S  V  E  N  T  U  S
A  A  L  J  H  J  L  N  O  P  U  Q  C  Q
S  L  L  D  N  G  I  M  N  M  R  O  J  R
O  X  A  R  K  R  M  F  X  Z  N  F  E  G
C  A  E  L  U  M  Q  B  V  M  H  L  S  Y
X  Z  P  H  T  O  R  T  O  R  R  V  D  P
```

MAURIS	POLAR
AERIS	FULGUR
AURA	SICCITATE
CAELUM	SICCUM
CAELI	TORTOR
PROCELLAE	TEMPESTAS
ICE	TURBO
ETESIA	TROPICAL
CALIGO	TONITRUA
NUBES	VENTUS

91 - Tecnologia

```
A  S  M  A  M  R  H  D  C  N  Z  P  M  E
B  O  C  T  G  Y  E  I  U  I  P  A  B  K
K  F  A  R  E  H  H  G  R  Y  W  R  S  D
T  T  M  E  E  U  B  I  S  K  D  E  E  T
N  W  E  C  P  E  F  T  O  P  A  S  C  O
S  A  R  T  N  V  N  A  R  D  T  E  U  N
M  R  A  U  D  K  N  L  V  V  A  A  R  P
F  E  G  M  N  U  N  T  I  U  S  R  I  V
K  I  X  P  U  Q  X  P  M  A  D  C  T  I
Y  M  L  U  F  Y  B  B  S  E  G  H  A  R
B  V  Y  E  H  Z  K  M  T  A  W  X  T  U
X  M  M  Y  L  S  O  N  K  A  U  O  E  S
F  X  S  W  I  N  T  E  R  N  E  T  M  D
V  J  K  H  M  W  F  Z  J  T  U  T  N  H
```

FILE
CAMERA
EU
CURSOR
DATA
DIGITAL
INTERNET
NUNTIUS

PASCO
RESEARCH
SECURITATEM
SOFTWARE
SCREEN
RECTUM
VIRUS

92 - Arte

```
T W I D X V G C U Z H S O P
E E B W P Y W A L I O I R I
V X L A V O C R V N S G I C
B B P L Q K O M I S E N G T
B C V R U G M I S P R U I U
M O O D E S P N U I I M N R
W M L R R S O A A R P Z A A
B P K V I A S U L A E L L E
I L S E X V I I J T R X R O
B E D Q E K T R O I T P R C
Z X Z R F P I H V L R W S C
E U P I Q H O K P L A M E T
S U B I E C T U M P H T X F
A Z F I G U R A O B E D Y E
```

TELLUS   ORIGINAL
COMPLEXU   ALIO
COMPOSITIO   PICTURAE
EXPRESSIO   CARMINA
FIGURA   PERTRAHE
AMET   SIGNUM
MOOD   SUBIECTUM
INSPIRATI   VISUAL

93 - Dinossauros

```
F  P  S  H  B  P  U  E  Q  J  V  G  E  T
J  R  U  P  R  H  E  R  B  I  V  O  R  E
P  A  O  D  E  C  G  U  A  M  I  M  P  R
R  E  W  B  N  C  A  U  D  A  T  N  O  R
E  G  U  P  Q  W  I  I  I  M  I  I  T  A
H  R  M  I  B  O  G  E  Y  M  O  V  E  F
I  E  P  A  U  X  N  B  S  O  S  O  N  J
S  S  Q  T  G  Q  H  X  X  T  U  R  S  A
T  S  S  T  A  N  Z  L  A  H  S  E  D  L
O  U  R  A  B  L  A  T  I  O  N  E  T  I
R  S  M  A  G  N  I  T  U  D  I  N  E  S
I  A  L  A  X  M  I  N  G  E  N  S  G  Q
C  R  E  P  T  I  L  E  D  J  I  R  G  N
V  C  R  S  B  I  S  K  V  A  Q  Y  Q  A
```

ALIS	MAMMOTH
CAUDA	OMNIVORE
ABLATIONE	POTENS
INGENS	PREHISTORIC
SPECIES	REPTILE
PRAEGRESSUS	MAGNITUDINE
MAGNA	TERRA
HERBIVORE	VITIOSUS

94 - Esportes

```
N Q L H N O R T B U L N S K
B T U C W T A T H L E T A G
O V D Y M P E D R T P E B Y
S Q I S K U D F Z R M R I M
G A O C R D A J K I B T Y N
M H L Q T U W X M C H L I A
H U U I G O L F M E S U T S
V Z D M P K R S O S W D N I
K N I J T R I S T I Q U E U
W E U T W M P Y U A X M O M
B A S E B A L L S G D W E U
G Y M N A S T I C A E I R L
J I N V I N D I C I A E U J
W X A M Y D O L O R D G U M
```

ATHLETA   GYMNASTICAE
ULTRICES   GOLF
BASEBALL   LUDIO LUDIUS
VINDICIAE   LUDUM
DOLOR   MOTUS
STADIUM   TRISTIQUE
VICTOR   RAEDA
GYMNASIUM

95 - Comida # 2

```
U V F S M F T R I T I C U M
C I U V A W U R Y R T Z J A
Q G D Z K L N N E F W T J L
V I T C G W C A G B G U B G
C L P I S C E S G O V U M E
Y A V L K L L Z P B R M L N
X N C O V Q L L S K U R T
P T Q T S I M K A P I U M E
A E O T U E H Z N O W Y A M
N M P P P S T X T Y I V P R
E A A I F H Y O G U R T P I
M S C E R A S U S Q D J L C
P U L L U M C A S E U S E E
S C E L E R I S Q U E W M T
```

APIUM	YOGURT
CACTUS	KIWI
VIGILANTEM	APPLE
RICE	OVUM
EGGPLANT	PANEM
ALGENTEM	PISCES
CERASUS	HAM
SCELERISQUE	CASEUS
FUNGORUM	TRITICUM
PULLUM	UVA

96 - Barcos

```
F W F L U M E N Y N A V I S
S U S T I N E O A E S T U S
R B N B F S V T C K W U P F
H J S E A K H O H U F Y O L
L E O M M Q P W T F A N R U
A N C H O R C M A R E A T C
C G E X A J R A T I S U T T
U I A Y U Y F S N T O T I U
S N N D B A Q E C T E A T S
I E U G K M G E K C A A O L
S Q M D P A R F Z O Y V R T
L I N T E R Y X A A D C I Z
G R E G E M W A H J H H T T
N A U T I C I S K G L N M E
```

ANCHOR	MARE
PORTTITOR	AESTUS
SUSTINEO	NAUTA
KAYAK	ENGINE
LINTER	NAUTICIS
FUNEM	OCEANUM
GREGEM	FLUCTUS
YACHT	FLUMEN
RATIS	CANTAVIT
LACUS	NAVIS

97 - Outono

```
G M E N S E S A F G H C T F
Y I A G M D X D C Z A A P E
T G I Z I C I I G N E S O S
E R A J D A C P E K Q T M T
M A J H B V A I L B U A A U
P T W D Q P U S U A I N Q M
E I U S D P K C C N E Y L
S O Z S K S N I C O O A Q L
T L G X Z D V N I R C E M D
A K G R E H K G W C T H D Y
S U E W W Z Q G H H I P C X
E F R U G I B U S A U Y J N
R C A E L I Y R Q R M W D N
O N A T U R A C H D U V Z P
```

FRUGIBUS,
CASTANEAE
CAELI
AEQUINOCTIUM
FESTUM
GELU
IGNES

POMA
MENSES
MIGRATIO
NATURA
ORCHARD
ADIPISCING
TEMPESTAS

98 - Piratas

```
W V O I N S U L A G M T L C
T Y C A P T A I N L A C E A
H M E U C E T B W A P A G N
E C A R I P U L P D M V E T
S Y N U C A S P Y I V E N A
A R U M A B N I C U O P D V
U G M K T D B C T M P E G I
R R B T R Q E V H T T R L T
U I Q P I D A C B O A I R I
S N V N X U C C I I R C Z B
H M A L U M H O A M W U U M
C A S U S Q U I S Q A L M S
E C D L T D A N A L Z U O I
F J M B V P E S M B I M U D
```

CASUS	MALUM
ANCHOR	COINS
DECIMA	OCEANUM
CAPTAIN	AURUM
CAVE	PSITTACUS
CICATRIX	PERICULUM
GLADIUM	BEACH
INSULA	RUM
LEGEND	THESAURUS
MAP	CANTAVIT

99 - Mamíferos

```
B  C  T  P  E  K  L  E  V  K  Q  D  C  O
A  F  M  Q  X  W  H  U  V  O  V  E  S  R
L  C  A  M  E  L  U  S  P  U  G  G  R  C
E  A  N  X  K  G  A  C  A  U  L  B  E  I
N  S  D  E  L  P  H  I  N  I  S  P  L  H
A  T  S  V  L  C  C  Y  T  F  L  Z  E  S
V  O  I  F  W  X  A  V  H  E  E  E  P  S
K  R  M  Y  G  J  N  N  E  L  P  B  H  P
X  Z  I  Y  N  V  I  V  R  I  U  R  A  C
Y  T  A  U  R  U  S  E  A  S  S  A  N  O
M  A  C  R  O  P  U  S  Q  G  J  N  T  Y
V  L  H  W  L  E  O  E  D  U  D  S  I  O
W  N  P  I  K  V  J  F  O  B  U  Z  S  T
Q  V  D  N  T  F  A  I  E  X  Z  S  N  E
```

BALENA	PANTHERA
CAMELUS	DELPHINI
MACROPUS	ORCI
CASTOR	LEO
EQUUS	LUPUS
CANIS	SIMIA
LEPUS	OVES
COYOTE	VULPES
ELEPHANTIS	TAURUS
FELIS	ZEBRA

100 - Atividades e Lazer

```
H  G  H  T  D  I  G  N  I  S  S  I  M  N
O  N  O  F  H  E  F  G  F  M  M  Z  M  A
B  S  R  L  W  C  O  N  S  E  Q  U  A  T
B  U  U  H  F  A  E  N  X  P  U  D  Q  K
I  L  B  P  I  S  C  A  N  D  I  R  R  M
E  T  A  G  E  T  R  I  S  T  I  Q  U  E
S  R  S  A  T  R  A  V  E  L  H  B  N  E
B  I  E  R  B  A  F  M  O  I  D  O  A  S
Z  C  B  D  A  V  E  I  E  D  A  X  T  Y
C  E  A  E  M  P  S  Q  C  T  W  I  A  U
W  S  L  N  O  I  E  L  Z  I  Y  N  N  K
F  Q  L  I  O  O  T  H  I  C  E  G  T  K
S  J  F  N  P  I  C  T  U  R  A  S  E  A
R  R  I  G  P  U  L  V  I  N  A  R  S  B
```

CASTRA	CONSEQUAT
ES	NATANTES
ULTRICES	PISCANDI
BASEBALL	PICTURA
BOXING	AMET
DIGNISSIM	SUPERFICIES
GOLF	TRISTIQUE
HOBBIES	TRAVEL
GARDENING	PULVINAR

1 - Dirigindo

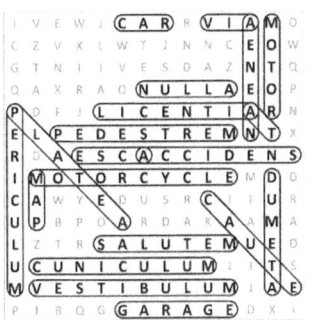

2 - Atividades

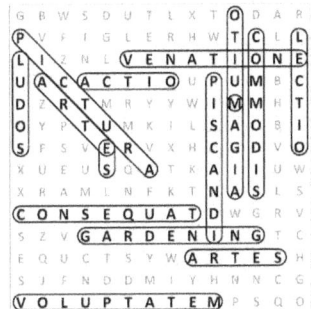

3 - Churrascos

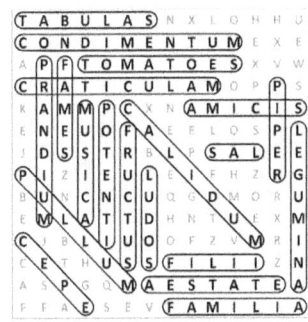

4 - Pesca

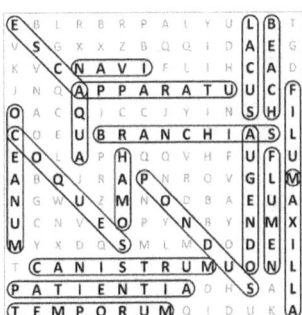

5 - Geologia

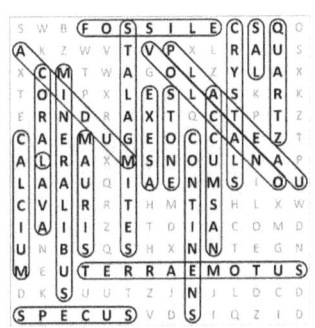

6 - Tempo

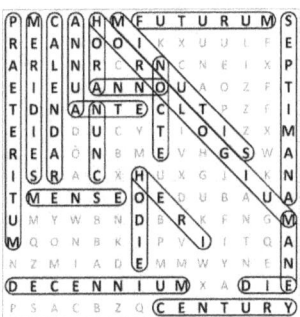

7 - Astronomia

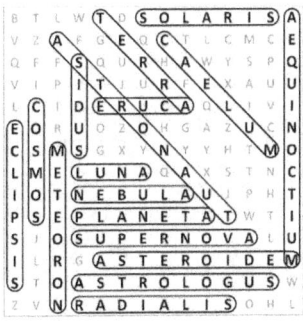

8 - Circo

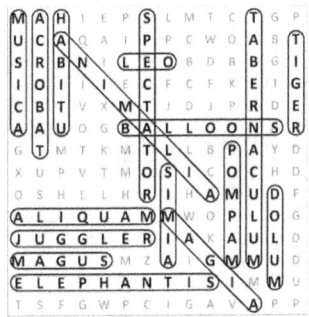

9 - Acampamento

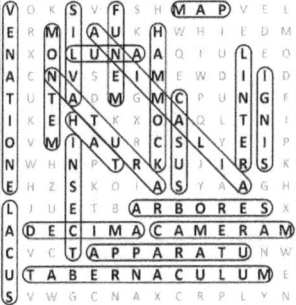

10 - Emoções

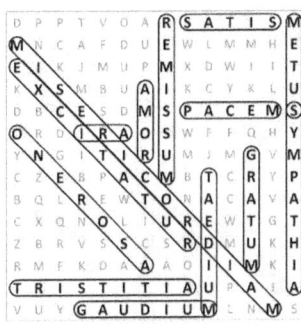

11 - Ficção Científica

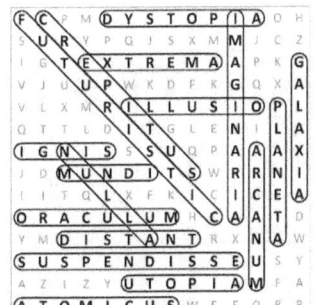

12 - Mitologia

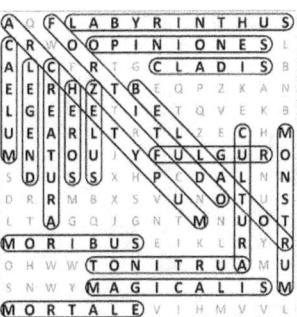

13 - Medições

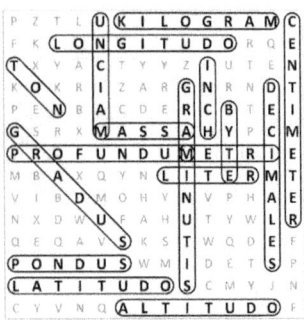

14 - Plantas

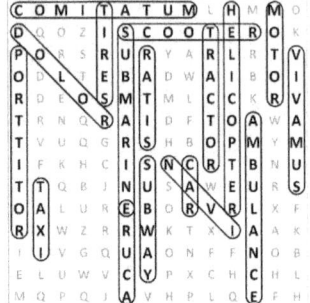

15 - Veículos

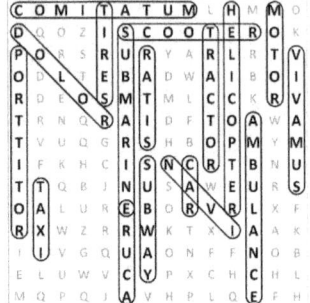

16 - Restaurante # 2

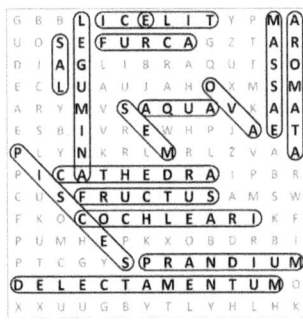

17 - Países #2

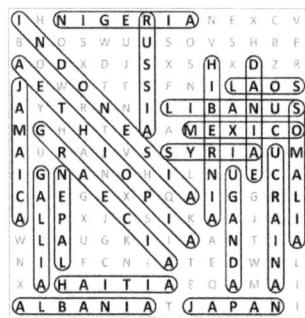

18 - Cozinha

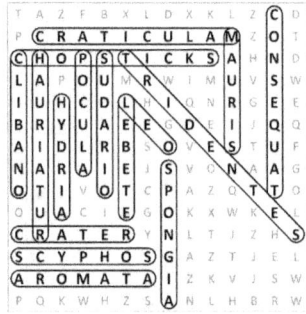

19 - Brinquedos

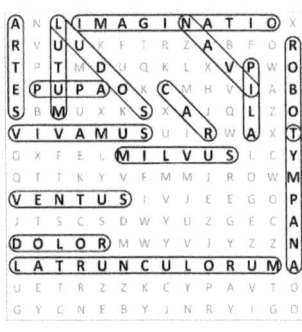

20 - Verão

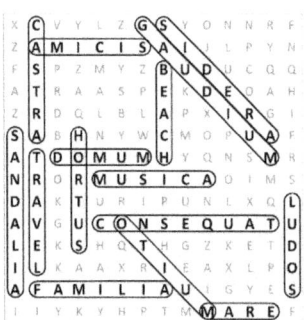

21 - Material de Arte

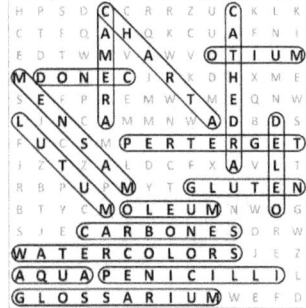

22 - Números

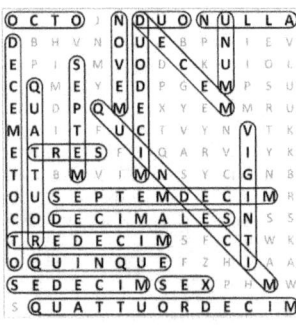

23 - Ferramentas

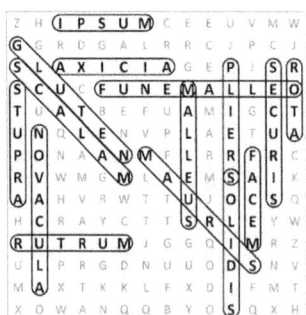

24 - Especiarias

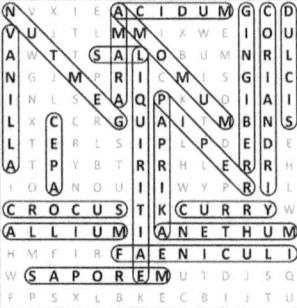

25 - Aniversário

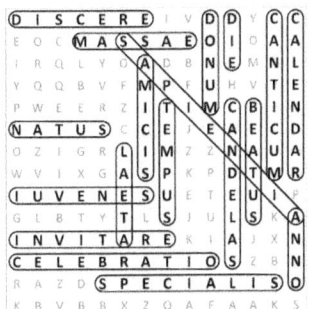

26 - Casa

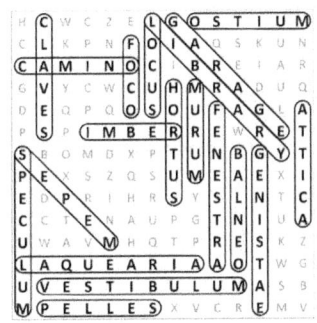

27 - Vegetais

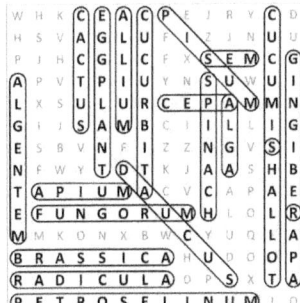

28 - Exploração

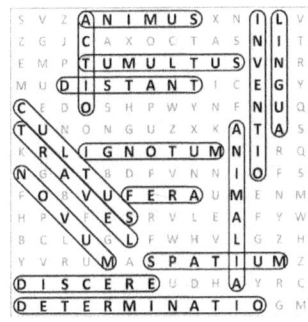

29 - Balé

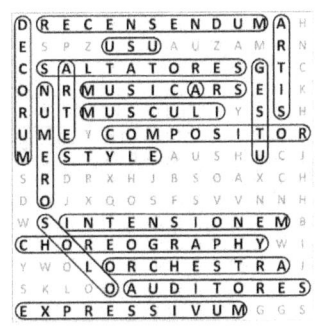

30 - Conservação

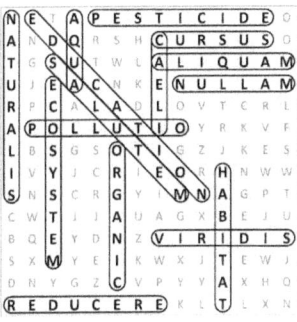

31 - Adjetivos #1

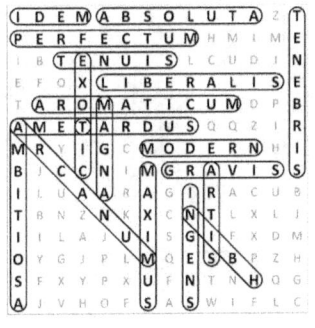

32 - Insetos

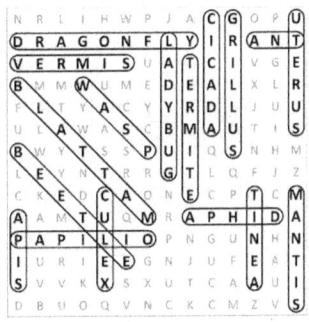

33 - Paisagens

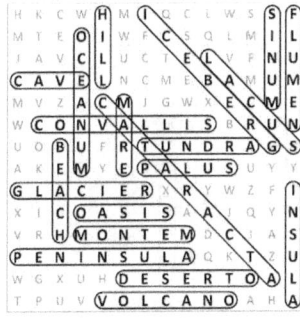

34 - Dança

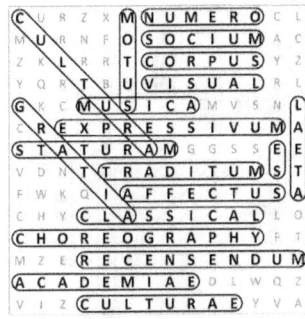

35 - Nutrição

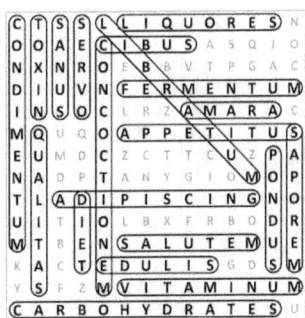

36 - Disciplinas Científicas

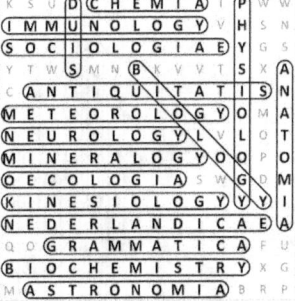

37 - Meditação

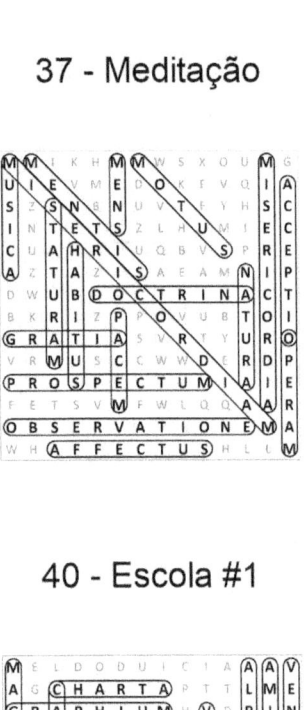

38 - Artes Visuais

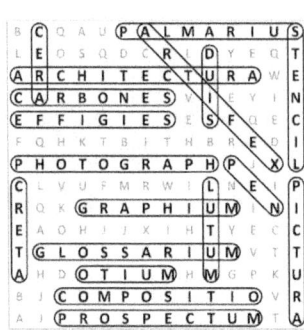

39 - Instrumentos Musicais

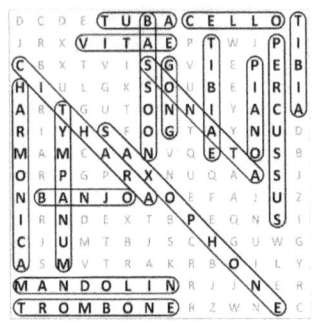

40 - Escola #1

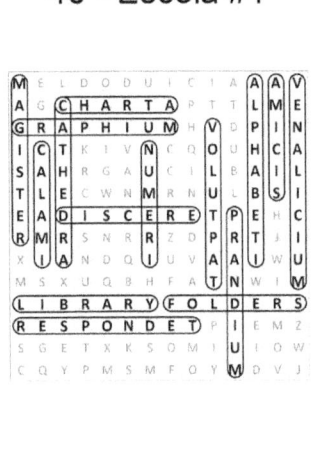

41 - Adjetivos #2

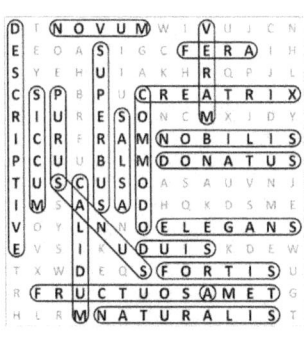

42 - Roupas

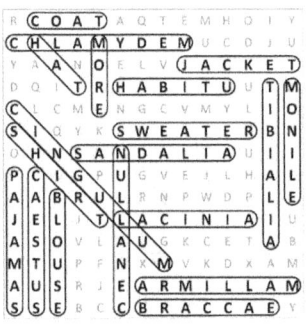

43 - Herbalismo

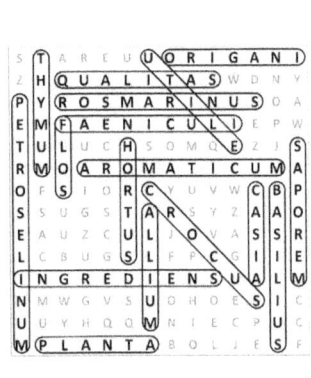

44 - Férias #1

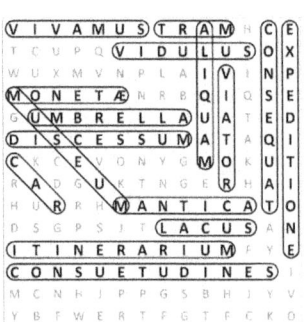

45 - Frutas

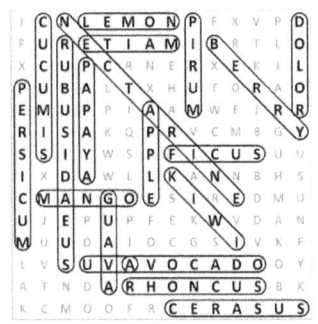

46 - Corpo Humano

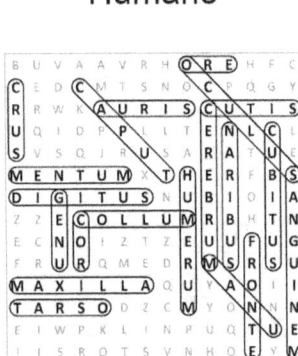

47 - Restaurante #1

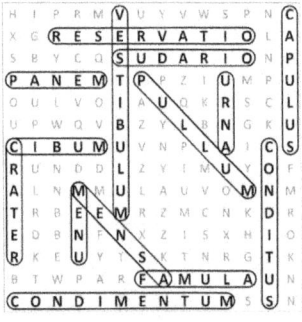

48 - Caminhada

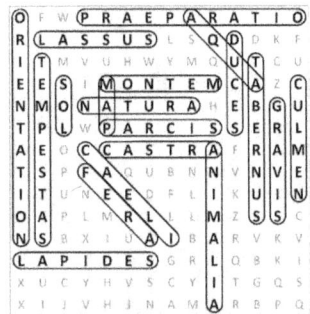

49 - Água

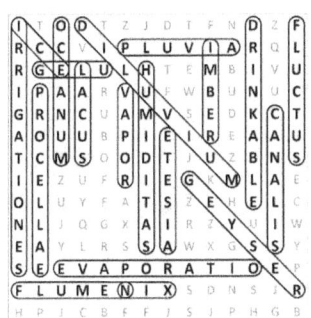

50 - Ecologia

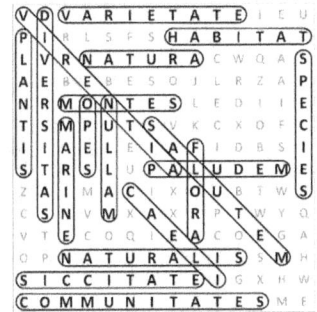

51 - Família

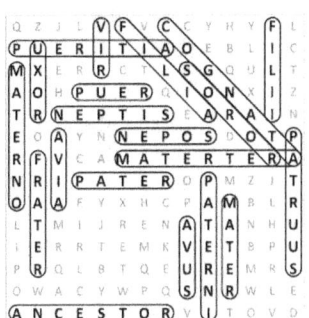

52 - Férias #2

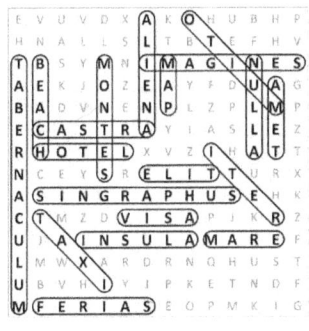

53 - Edifícios

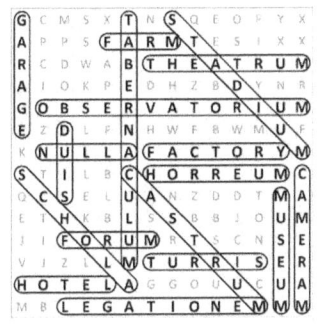

54 - Praia

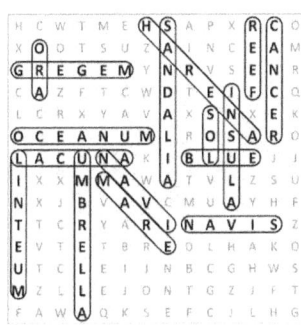

55 - Xadrez

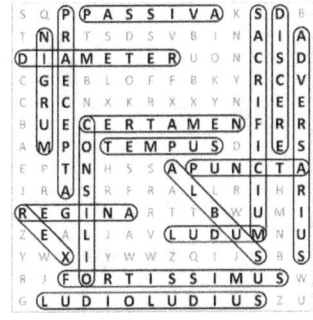

56 - Aventura

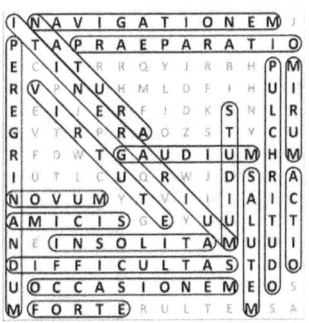

57 - Surf

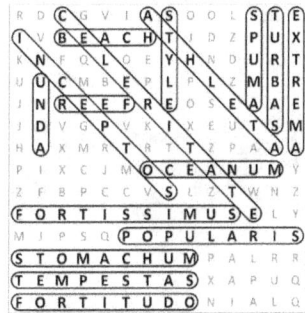

58 - Floresta Tropical

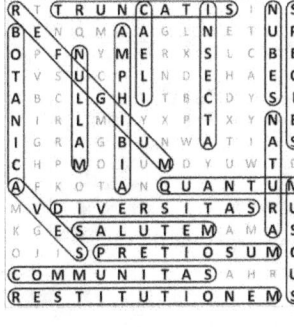

59 - Cidade

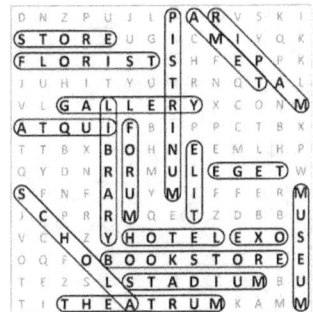

60 - Matemática

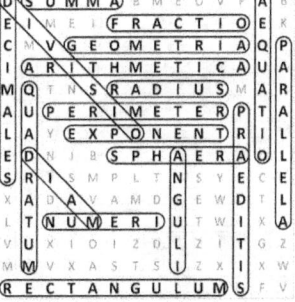

61 - Natureza

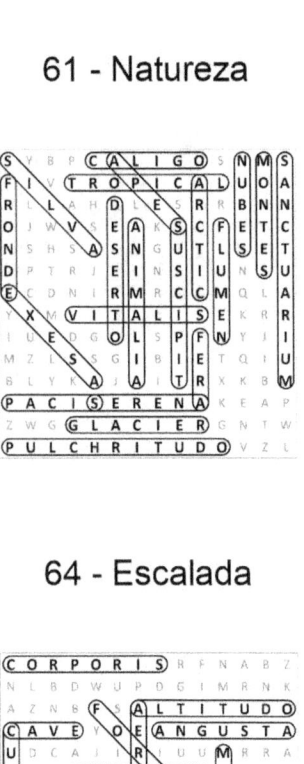

62 - Preencher

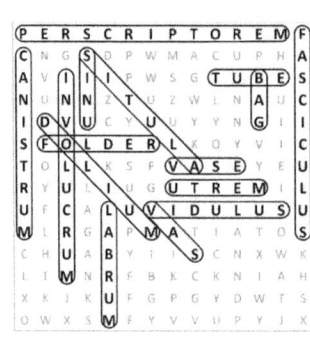

63 - Animais de Estimação

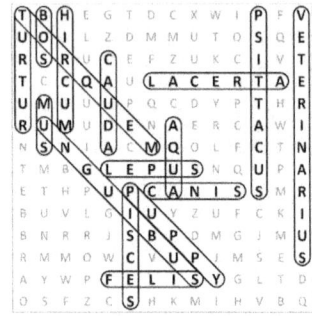

64 - Escalada

65 - Aviões

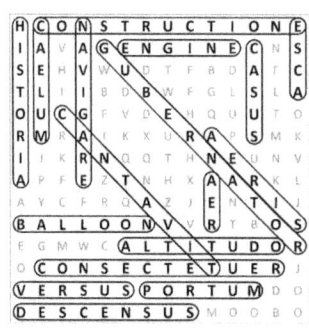

66 - Tipos de Cabelo

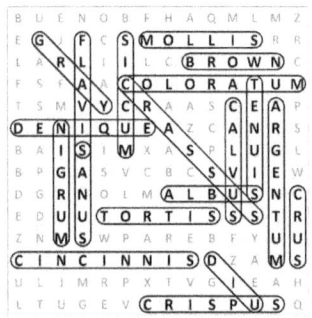

67 - Formas

68 - Dias e Meses

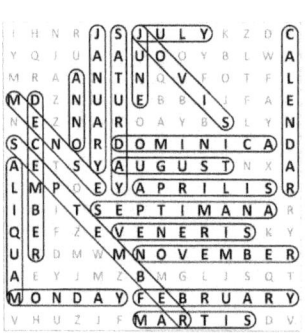

69 - Geografia

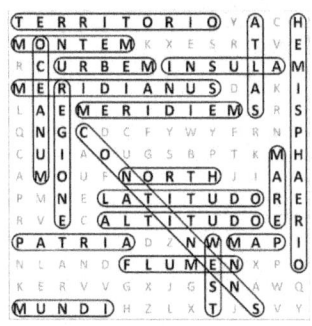

70 - Antártica

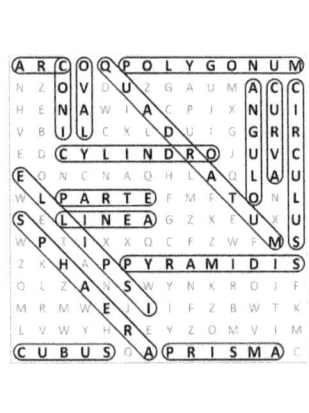
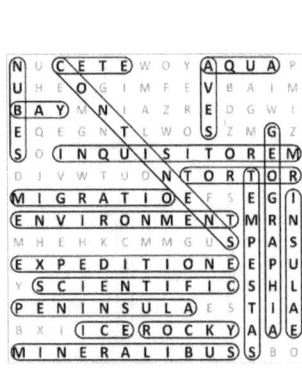

71 - Flores

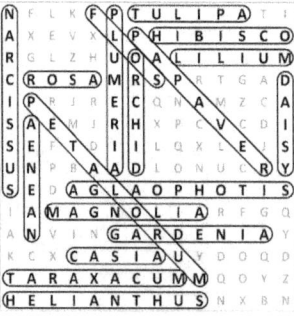

72 - Fazenda #1

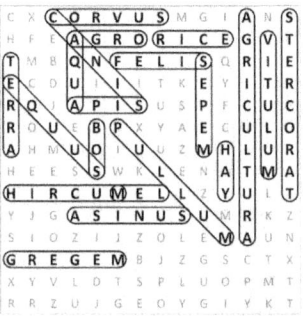

73 - Livros

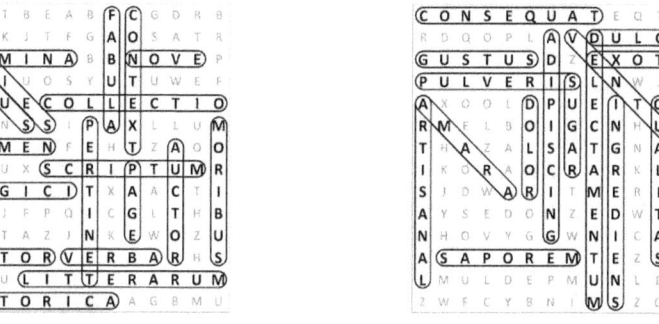

74 - Chocolate

75 - Profissões #2

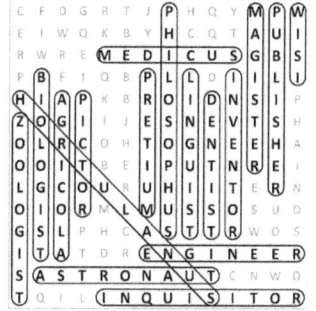

76 - Fazenda #2

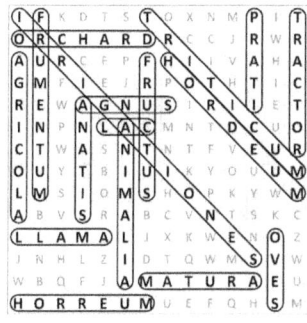

77 - Jardim

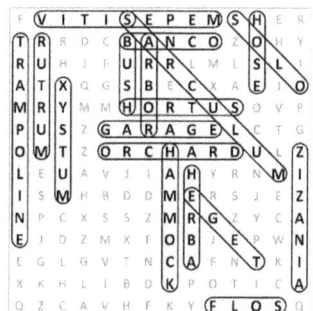

78 - Oceano

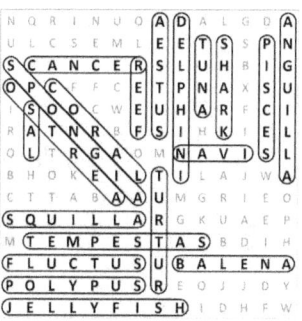

79 - Profissões #1

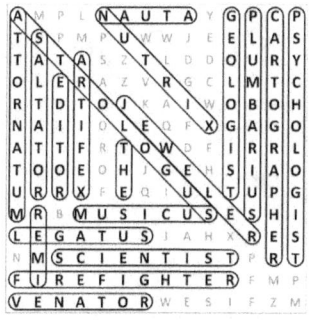

80 - Campeonato

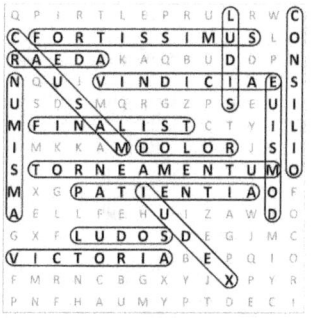

81 - Castelos

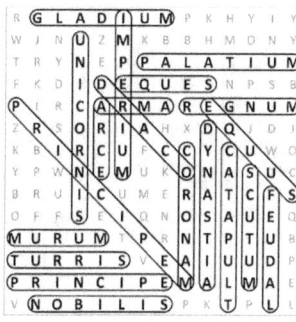

82 - Escola # 2

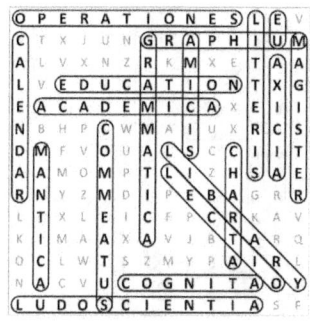

83 - Abelhas

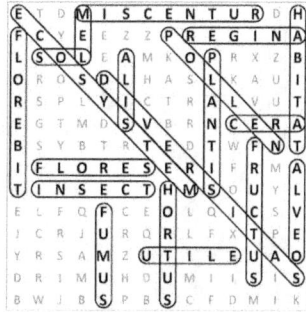

84 - Ciência

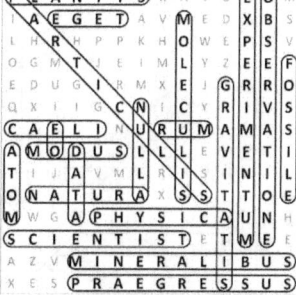

85 - Cores

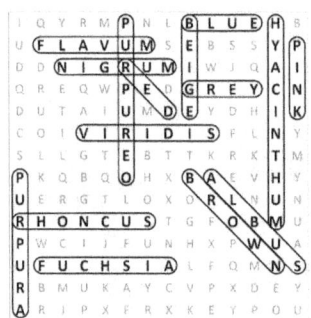

86 - Comida #1

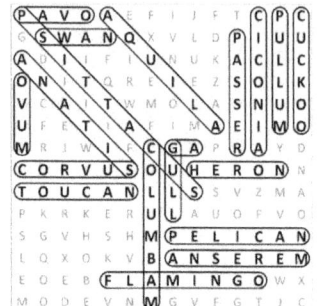

87 - Pássaros

88 - Virtudes #1

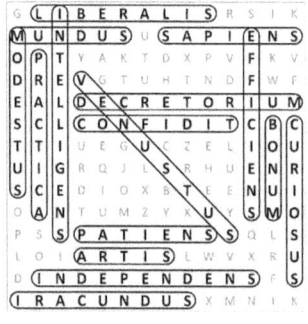

89 - Literatura

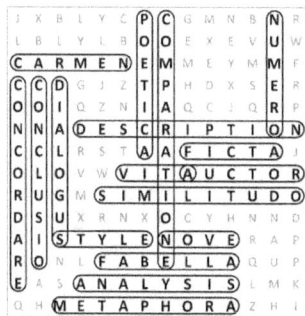

90 - Clima

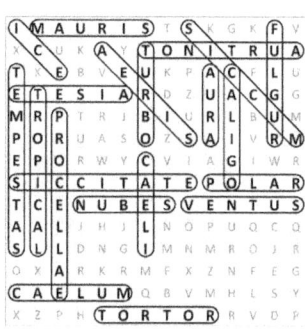

91 - Tecnologia

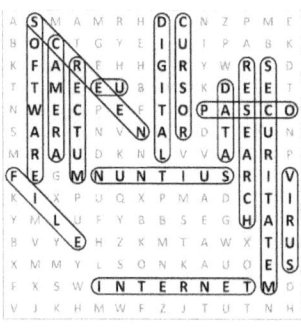

92 - Arte

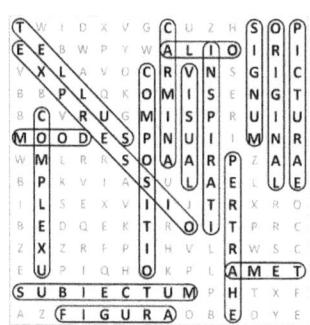

93 - Dinossauros

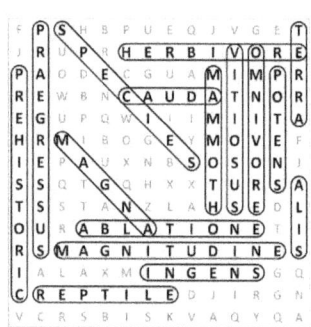

94 - Esportes

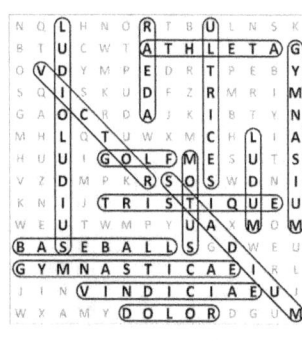

95 - Comida # 2

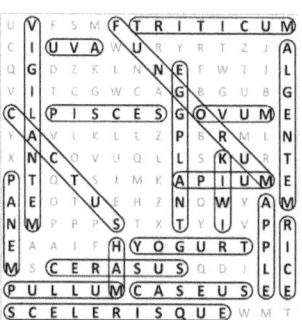

96 - Barcos

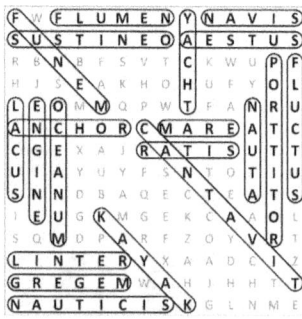

97 - Outono

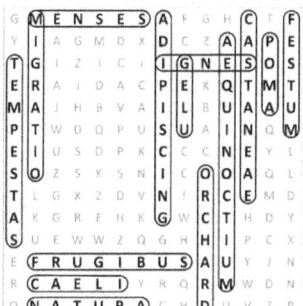

98 - Piratas

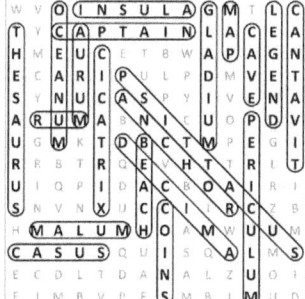

99 - Mamíferos

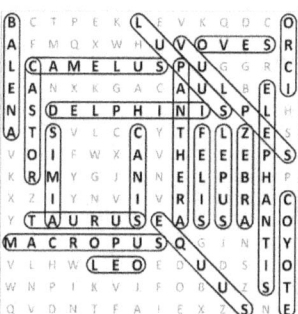

100 - Atividades e Lazer

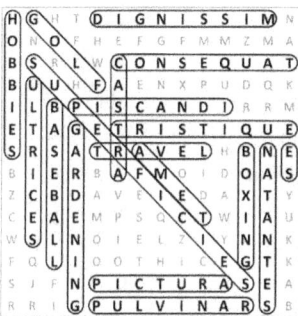

Dicionário

Abelhas
Apes

Asas	Alis
Benéfico	Utile
Cera	Cera
Colmeia	Alveo
Diversidade	Diversitas
Ecossistema	Ecosystem
Enxame	Miscentur
Flor	Florebit
Flores	Flores
Fruta	Fructus
Fumaça	Fumus
Habitat	Habitat
Inseto	Insect
Jardim	Hortus
Mel	Mel
Plantas	Plantis
Pólen	Pollen
Rainha	Regina
Sol	Sol

Acampamento
Castra

Animais	Animalia
Aventura	Casus
Árvores	Arbores
Bússola	Decima
Cabine	Cameram
Caça	Venatione
Canoa	Linter
Chapéu	Hat
Corda	Funem
Equipamento	Apparatu
Floresta	Silva
Fogo	Ignis
Inseto	Insect
Lago	Lacus
Lua	Luna
Maca	Hammock
Mapa	Map
Montanha	Montem
Natureza	Natura
Tenda	Tabernaculum

Adjetivos #1
Adiectiva #1

Absoluto	Absoluta
Ambicioso	Ambitiosa
Aromático	Aromaticum
Artístico	Artis
Atraente	Nibh
Enorme	Ingens
Escuro	Tenebris
Exótico	Exotic
Fino	Tenuis
Generoso	Liberalis
Grande	Magna
Honesto	Amet
Idêntico	Idem
Importante	Maximus
Lento	Tardus
Misterioso	Arcanum
Moderno	Modern
Perfeito	Perfectum
Pesado	Gravis
Valioso	Pretiosum

Adjetivos #2
Adiectiva #2

Autêntico	Veram
Criativo	Creatrix
Descritivo	Descriptive
Dotado	Donatus
Elegante	Elegans
Famoso	Nobilis
Forte	Fortis
Interessante	Commodo
Natural	Naturalis
Normal	Duis
Novo	Novum
Orgulhoso	Superbus
Produtivo	Fructuosa
Puro	Purus
Quente	Calidum
Responsável	Amet
Salgado	Salsa
Saudável	Sanus
Seco	Siccum
Selvagem	Fera

Animais de Estimação
Pets

Água	Aqua
Cabra	Hircum
Cachorro	Puppy
Cauda	Cauda
Cão	Canis
Coelho	Lepus
Colarinho	Torquem
Garras	Unguibus
Gato	Felis
Lagarto	Lacerta
Mouse	Mus
Papagaio	Psittacus
Peixe	Pisces
Tartaruga	Turtur
Vaca	Bos
Veterinário	Veterinarius

Aniversário
Natalis

Alegre	Laeta
Amigos	Amicis
Ano	Anno
Aprender	Discere
Bolo	Massae
Calendário	Calendar
Canção	Canticum
Celebração	Celebratio
Convites	Invitare
Dia	Die
Dom	Donum
Especial	Specialis
Feliz	Beatus
Jovem	Iuvenes
Nascer	Natus
Sabedoria	Sapientia
Tempo	Tempus
Velas	Candelas

Antártica
Antarctica

Ambiente	Environment
Água	Aqua
Baía	Bay
Baleias	Cete
Científico	Scientific
Continente	Continens
Expedição	Expeditione
Gelo	Ice
Geografia	Geographia
Ilhas	Insulae
Investigador	Inquisitorem
Migração	Migratio
Minerais	Mineralibus
Nuvens	Nubes
Pássaros	Aves
Península	Peninsula
Rochoso	Rocky
Temperatura	Tortor
Tempo	Tempestas
Topografia	Topographia

Arte
Es

Cerâmica	Tellus
Complexo	Complexu
Composição	Compositio
Expressão	Expressio
Figura	Figura
Honesto	Amet
Humor	Mood
Inspirado	Inspirati
Original	Original
Pessoal	Alio
Pinturas	Picturae
Poesia	Carmina
Retratar	Pertrahe
Símbolo	Signum
Sujeito	Subiectum
Surrealismo	Surrealism
Visual	Visual

Artes Visuais
Artibus

Argila	Lutum
Arquitetura	Architectura
Artista	Artifex
Caneta	Pen
Carvão	Carbones
Cavalete	Otium
Cera	Cera
Composição	Compositio
Criatividade	Glossarium
Estêncil	Stencil
Filme	Duis
Fotografia	Photograph
Giz	Creta
Lápis	Graphium
Obra-Prima	Palmarius
Perspectiva	Prospectum
Pintura	Pictura
Retrato	Effigies

Astronomia
Astronomia

Asteróide	Asteroidem
Astronauta	Astronaut
Astrônomo	Astrologus
Céu	Caelum
Constelação	Sidus
Cosmos	Cosmos
Eclipse	Eclipsis
Equinócio	Aequinoctium
Foguete	Eruca
Gravidade	Gravitatis
Lua	Luna
Meteoro	Meteoron
Nebulosa	Nebula
Observatório	Observatorium
Planeta	Planeta
Radiação	Radialis
Solar	Solaris
Supernova	Supernova
Terra	Terra
Universo	Universi

Atividades
Operationes

Arte	Es
Artesanato	Artes
Atividade	Actio
Caca	Venatione
Fotografia	Consequat
Habilidade	Arte
Interesses	Commodis
Jardinagem	Gardening
Jogos	Ludos
Lazer	Otium
Lendo	Lectio
Magia	Magia
Pesca	Piscandi
Pintura	Pictura
Prazer	Voluptatem

Atividades e Lazer
Operationes et Otium

Acampamento	Castra
Arte	Es
Basquete	Ultrices
Beisebol	Baseball
Boxe	Boxing
Futebol	Dignissim
Golfe	Golf
Hobbies	Hobbies
Jardinagem	Gardening
Mergulho	Consequat
Natação	Natantes
Pesca	Piscandi
Pintura	Pictura
Relaxante	Amet
Surfe	Superficies
Tênis	Tristique
Viagem	Travel
Voleibol	Pulvinar

Aventura
Casus

Alegria	Gaudium
Amigos	Amicis
Atividade	Actio
Beleza	Pulchritudo
Bravura	Virtute
Chance	Forte
Dificuldade	Difficultas
Entusiasmo	Studium
Excursão	Peregrinandum
Incomum	Insolita
Itinerário	Itinerarium
Natureza	Natura
Navegação	Navigationem
Novo	Novum
Oportunidade	Occasionem
Perigoso	Periculosum
Preparação	Praeparatio
Segurança	Salutem
Surpreendente	Mirum

Aviões
Airplanes

Altura	Altitudo
Ar	Aer
Aterrissagem	Portum
Atmosfera	Aeris
Aventura	Casus
Balão	Balloon
Céu	Caelum
Combustível	Esca
Construção	Constructione
Descida	Descensus
Direção	Versus
Hidrogênio	Consectetuer
História	Historia
Inflar	Inflamus
Motor	Engine
Navegar	Navigare
Passageiro	Transeunte
Piloto	Gubernator
Tripulação	Cantavit
Turbulência	Ferociam

Água
Aqua

Canal	Canalis
Chuva	Pluvia
Chuveiro	Imber
Evaporação	Evaporatio
Furacão	Procellae
Geada	Gelu
Gelo	Ice
Geyser	Geyser
Inundação	Diluvium
Irrigação	Irrigationes
Lago	Lacus
Monção	Etesia
Neve	Nix
Oceano	Oceanum
Ondas	Fluctus
Potável	Drinkable
Rio	Flumen
Umidade	Humiditas
Vapor	Vapor

Balé
Talarium

Artístico	Artis
Compositor	Compositor
Coreografia	Choreography
Dançarinos	Saltatores
Ensaio	Recensendum
Estilo	Style
Expressivo	Expressivum
Gesto	Gestu
Gracioso	Decorum
Habilidade	Arte
Intensidade	Intensionem
Músculos	Musculi
Música	Musica
Orquestra	Orchestra
Prática	Usu
Público	Auditores
Ritmo	Numero
Solo	Solo
Técnica	Ars

Barcos
Navibus

Âncora	Anchor
Balsa	Porttitor
Bóia	Sustineo
Caiaque	Kayak
Canoa	Linter
Corda	Funem
Doca	Gregem
Iate	Yacht
Jangada	Ratis
Lago	Lacus
Mar	Mare
Maré	Aestus
Marinheiro	Nauta
Motor	Engine
Náutico	Nauticis
Oceano	Oceanum
Ondas	Fluctus
Rio	Flumen
Tripulação	Cantavit
Veleiro	Navis

Brinquedos
Nugas

Argila	Lutum
Artesanato	Artes
Avião	Vivamus
Barco	Navi
Bateria	Tympana
Bola	Pila
Boneca	Pupa
Caminhão	Dolor
Carro	Car
Favorito	Ventus
Imaginação	Imaginatio
Jogos	Ludos
Pipa	Milvus
Robô	Robot
Xadrez	Latrunculorum

Caminhada
Hiking

Acampamento	Castra
Animais	Animalia
Água	Aqua
Botas	Tabernus
Cansado	Lassus
Clima	Caeli
Cume	Culmen
Guias	Duces
Mapa	Map
Montanha	Montem
Natureza	Natura
Orientação	Orientation
Parques	Parcis
Pedras	Lapides
Pesado	Gravis
Preparação	Praeparatio
Selvagem	Fera
Sol	Sol
Tempo	Tempestas

Campeonato
Vindiciae

Campeão	Fortissimus
Campeonato	Vindiciae
Desempenho	Euismod
Equipe	Dolor
Esportes	Ludis
Estratégia	Consilio
Finalista	Finalist
Jogos	Ludos
Juiz	Iudex
Medalha	Numisma
Motivação	Causam
Resistência	Patientia
Torneio	Torneamentum
Treinador	Raeda
Vitória	Victoria

Casa
Domus

Banheiro	Balneo
Biblioteca	Library
Cerca	Sepem
Chaminé	Camino
Chaves	Claves
Chuveiro	Imber
Cortinas	Pelles
Cozinha	Vestibulum
Espelho	Speculum
Garagem	Garage
Janela	Fenestra
Jardim	Hortus
Lareira	Foco
Mobiliário	Supellectilem
Parede	Murum
Porta	Ostium
Quarto	Locus
Sótão	Attica
Teto	Laquearia
Vassoura	Genistae

Castelos
Castella

Armadura	Arma
Catapulta	Catapult
Cavaleiro	Eques
Cavalo	Equus
Coroa	Coronam
Dinastia	Dynastia
Dragão	Draco
Escudo	Scutum
Espada	Gladium
Feudal	Feudal
Fortaleza	Arce
Império	Imperium
Nobre	Nobilis
Palácio	Palatium
Parede	Murum
Princesa	Principem
Príncipe	Principe
Reino	Regnum
Torre	Turris
Unicórnio	Unicornis

Chocolate
Scelerisque

Açúcar	Sugar
Amargo	Amara
Antioxidante	Antioxidant
Artesanal	Artisanal
Calorias	Adipiscing
Coco	Dolor
Delicioso	Delectamentum
Doce	Dulcis
Exótico	Exotic
Favorito	Ventus
Gosto	Gustus
Ingrediente	Ingrediens
Pó	Pulveris
Qualidade	Qualitas
Receita	Consequat
Sabor	Saporem

Churrascos
Barbecues

Amigos	Amicis
Cebolas	Cepe
Crianças	Filii
Família	Familia
Fome	Fames
Frango	Pullum
Fruta	Fructus
Grelha	Craticulam
Jantar	Prandium
Jogos	Ludos
Legumes	Legumina
Molho	Condimentum
Música	Musica
Pimenta	Piper
Quente	Calidum
Sal	Sal
Saladas	Potenti
Tabelas	Tabulas
Tomates	Tomatoes
Verão	Aestate

Cidade
Oppidum

Aeroporto	Elit
Banco	Ripam
Biblioteca	Library
Clínica	Eget
Escola	Schola
Estádio	Stadium
Farmácia	Atqui
Florista	Florist
Galeria	Gallery
Hotel	Hotel
Jardim Zoológico	Exo
Livraria	Bookstore
Loja	Store
Museu	Museum
Padaria	Pistrinum
Restaurante	Amet
Supermercado	Forum
Teatro	Theatrum
Universidade	University

Ciência
Scientia

Átomo	Atom
Cientista	Scientist
Clima	Caeli
Dados	Data
Evolução	Praegressus
Experiência	Experimentum
Fato	Eo
Física	Physica
Fóssil	Fossile
Gravidade	Gravitatis
Hipótese	Rum
Laboratório	Nulla
Método	Modus
Minerais	Mineralibus
Moléculas	Moleculis
Natureza	Natura
Observação	Observatione
Partículas	Particulis
Plantas	Plantis
Químico	Eget

Circo
Circo

Acrobata	Acrobat
Animais	Animalia
Balões	Balloons
Bilhete	Aliquam
Desfile	Pompam
Elefante	Elephantis
Espectador	Spectator
Leão	Leo
Macaco	Simia
Magia	Magia
Malabarista	Juggler
Mágico	Magus
Música	Musica
Tenda	Tabernaculum
Tigre	Tiger
Traje	Habitu
Truque	Dolum

Clima
Tempestas

Arco-Íris	Mauris
Atmosfera	Aeris
Brisa	Aura
Céu	Caelum
Clima	Caeli
Furacão	Procellae
Gelo	Ice
Monção	Etesia
Nevoeiro	Caligo
Nuvem	Nubes
Polar	Polar
Relâmpago	Fulgur
Seca	Siccitate
Seco	Siccum
Temperatura	Tortor
Tempestade	Tempestas
Tornado	Turbo
Tropical	Tropical
Trovão	Tonitrua
Vento	Ventus

Comida # 2
Cibum #2

Aipo	Apium
Alcachofra	Cactus
Amêndoa	Vigilantem
Arroz	Rice
Beringela	Eggplant
Brócolis	Algentem
Cereja	Cerasus
Chocolate	Scelerisque
Cogumelo	Fungorum
Frango	Pullum
Iogurte	Yogurt
Kiwi	Kiwi
Maçã	Apple
Ovo	Ovum
Pão	Panem
Peixe	Pisces
Presunto	Ham
Queijo	Caseus
Trigo	Triticum
Uva	Uva

Comida #1
Cibum #1

Açúcar	Sugar
Alho	Allium
Amendoim	Eros
Atum	Tuna
Bolo	Massae
Cebola	Cepa
Cenoura	Daucus
Cevada	Hordeum
Damasco	Persicum
Espinafre	Spinach
Leite	Lac
Limão	Lemon
Manjericão	Basilius
Morango	Fragum
Nabo	Rapa
Pepino	Cucumis
Sal	Sal
Salada	Sem
Sopa	Elit
Suco	Sucus

Conservação
Conservationem

Ambiental	Aliquam
Água	Aqua
Ciclo	Cursus
Clima	Caeli
Ecossistema	Ecosystem
Educação	Education
Habitat	Habitat
Natural	Naturalis
Orgânico	Organic
Pesticida	Pesticide
Poluição	Pollutio
Reduzir	Reducere
Saúde	Salutem
Sustentável	Nullam
Verde	Viridis

Cores
Colores

Amarelo	Flavum
Azul	Blue
Bege	Beige
Branco	Albus
Carmesim	Purpureo
Cinza	Grey
Fuchsia	Fuchsia
Laranja	Rhoncus
Marrom	Brown
Preto	Nigrum
Rosa	Pink
Roxo	Purpura
Verde	Viridis
Vermelho	Red
Violeta	Hyacinthum

Corpo Humano
Corpus Humanum

Boca	Ore
Cabeça	Caput
Cérebro	Cerebrum
Coração	Cor
Cotovelo	Cubitus
Dedo	Digitus
Joelho	Genu
Mandíbula	Maxilla
Mão	Manu
Nariz	Naribus
Olho	Oculus
Ombro	Humerum
Orelha	Auris
Pele	Cutis
Perna	Crus
Pescoço	Collum
Queixo	Mentum
Sangue	Sanguinem
Testa	Fronte
Tornozelo	Tarso

Cozinha
Vestibulum

Chaleira	Lebete
Colheres	Scyphos
Concha	Hauriatur
Cups	Pocula
Especiarias	Aromata
Esponja	Spongia
Forno	Clibano
Freezer	Mauris
Garfos	Tridentes
Geladeira	Leo
Grelha	Craticulam
Guardanapo	Sudario
Jarro	Hydria
Pauzinhos	Chopsticks
Receita	Consequat
Tigela	Crater

Dança
Chorus

Academia	Academiae
Alegre	Laeta
Arte	Es
Clássico	Classical
Coreografia	Choreography
Corpo	Corpus
Cultura	Cultura
Cultural	Culturae
Emoção	Affectus
Ensaio	Recensendum
Expressivo	Expressivum
Graça	Gratia
Movimento	Motus
Música	Musica
Parceiro	Socium
Postura	Staturam
Ritmo	Numero
Tradicional	Traditum
Visual	Visual

Dias e Meses
Diebus et Mensibus

Abril	Aprilis
Agosto	August
Ano	Anno
Calendário	Calendar
Dezembro	December
Domingo	Dominica
Fevereiro	February
Janeiro	January
Julho	July
Junho	June
Mês	Mense
Novembro	November
Outubro	Aliquam
Quinta-Feira	Jovis
Sábado	Saturday
Segunda-Feira	Monday
Semana	Septimana
Setembro	September
Sexta-Feira	Veneris
Terça	Martis

Dinossauros
Dinosaurs

Asas	Alis
Cauda	Cauda
Desaparecimento	Ablatione
Enorme	Ingens
Espécies	Species
Evolução	Praegressus
Grande	Magna
Herbívoro	Herbivore
Mamute	Mammoth
Onívoro	Omnivore
Poderoso	Potens
Pré-Histórico	Prehistoric
Réptil	Reptile
Tamanho	Magnitudine
Terra	Terra
Vicioso	Vitiosus

Dirigindo
Pulsis

Acidente	Accidens
Carro	Car
Combustível	Esca
Cuidado	Caute
Estrada	Via
Freios	Dumeta
Garagem	Garage
Gás	Vestibulum
Licença	Licentia
Mapa	Map
Motocicleta	Motorcycle
Motor	Motor
Pedestre	Pedestrem
Perigo	Periculum
Polícia	At
Rua	Platea
Segurança	Salutem
Transporte	Nulla
Tráfego	Aenean
Túnel	Cuniculum

Disciplinas Científicas
Scientifica Disciplinis

Anatomia	Anatomia
Arqueologia	Antiquitatis
Astronomia	Astronomia
Biologia	Biology
Bioquímica	Biochemistry
Botânica	Botanicam
Cinesiologia	Kinesiology
Ecologia	Oecologia
Fisiologia	Physiology
Geologia	Nederlandicae
Imunologia	Immunology
Linguística	Grammatica
Mecânica	Mechanica
Meteorologia	Meteorology
Mineralogia	Mineralogy
Neurologia	Neurology
Psicologia	Duis
Química	Chemia
Sociologia	Sociologiae
Zoologia	Zoologicam

Ecologia
Oecologia

Clima	Caeli
Comunidades	Communitates
Diversidade	Diversitas
Espécies	Species
Flora	Flora
Habitat	Habitat
Marinho	Marine
Montanhas	Montes
Natural	Naturalis
Natureza	Natura
Pântano	Paludem
Plantas	Plantis
Recursos	Opes
Seca	Siccitate
Sobrevivência	Salutem
Sustentável	Nullam
Variedade	Varietate
Vegetação	Virentia
Voluntários	Voluntariis

Edifícios
Aedificia

Apartamento	Duis
Cabine	Cameram
Castelo	Castrum
Celeiro	Horreum
Embaixada	Legationem
Escola	Schola
Estádio	Stadium
Fazenda	Farm
Fábrica	Factory
Garagem	Garage
Hospital	Hospitalis
Hotel	Hotel
Laboratório	Nulla
Museu	Museum
Observatório	Observatorium
Supermercado	Forum
Teatro	Theatrum
Tenda	Tabernaculum
Torre	Turris
Universidade	University

Emoções
Affectus

Alegria	Gaudium
Amor	Amor
Animado	Excitatur
Bondade	Misericordiam
Calmo	Tranquillitas
Envergonhado	Onerosa
Grato	Gratum
Medo	Metus
Paz	Pacem
Raiva	Ira
Relaxado	Remissum
Satisfeito	Satis
Simpatia	Sympathia
Ternura	Teneritudinem
Tédio	Taedium
Tristeza	Tristitia

Escalada
Scandere

Altitude	Altitudo
Atmosfera	Aeris
Botas	Tabernus
Capacete	Galeam
Caverna	Cave
Curiosidade	Curiositas
Especialista	Peritus
Estabilidade	Stabilitatem
Estreito	Angusta
Físico	Corporis
Força	Fortitudo
Guias	Duces
Luvas	Caestus
Mapa	Map

Escola # 2
School #2

Acadêmico	Academica
Amigos	Amicis
Aprendizagem	Cognita
Atividades	Operationes
Biblioteca	Library
Calendário	Calendar
Ciência	Scientia
Computador	Eu
Dicionário	Dictionary
Educação	Education
Gramática	Grammatica
Jogos	Ludos
Lápis	Graphium
Leitura	Lectio
Literatura	Litteris
Mochila	Mantica
Papel	Charta
Professor	Magister
Suprimentos	Commeatus
Tesoura	Axicia

Escola #1
School #1

Alfabeto	Alphabeti
Almoço	Prandium
Amigos	Amicis
Aprender	Discere
Biblioteca	Library
Cadeira	Cathedra
Canetas	Calami
Exames	Volutpat
Lápis	Graphium
Marcadores	Venalicium
Números	Numeri
Papel	Charta
Pastas	Folders
Professor	Magister
Respostas	Respondet

Especiarias
Aromata

Açafrão	Crocus
Alcaçuz	Liquiritiae
Alho	Allium
Amargo	Amara
Anis	Anethum
Azedo	Acidum
Baunilha	Vanilla
Cardamomo	Amomum
Caril	Curry
Cebola	Cepa
Coentro	Coriandri
Doce	Dulcis
Funcho	Faeniculi
Gengibre	Gingiber
Noz-Moscada	Nutmeg
Páprica	Paprika
Pimenta	Piper
Sabor	Saporem
Sal	Sal

Esportes
Ludis

Atleta	Athleta
Árbitro	Referendarius
Basquete	Ultrices
Beisebol	Baseball
Campeonato	Vindiciae
Equipe	Dolor
Estádio	Stadium
Ganhador	Victor
Ginásio	Gymnasium
Ginástica	Gymnasticae
Golfe	Golf
Hóquei	Consectetuer
Jogador	Ludio Ludius
Jogo	Ludum
Movimento	Motus
Tênis	Tristique
Treinador	Raeda

Exploração
Explorationem

Animais	Animalia
Aprender	Discere
Atividade	Actio
Coragem	Animus
Culturas	Cultus
Descoberta	Inventio
Desconhecido	Ignotum
Determinação	Determinatio
Distante	Distant
Espaço	Spatium
Excitação	Tumultus
Língua	Lingua
Novo	Novum
Selvagem	Fera
Viagem	Travel

Família
Familia

Antepassado	Ancestor
Avó	Avia
Avô	Avus
Criança	Puer
Crianças	Filii
Esposa	Uxor
Filha	Filia
Infância	Pueritia
Irmã	Soror
Irmão	Frater
Marido	Vir
Materno	Materno
Mãe	Mater
Pai	Pater
Paterno	Paterni
Primo	Cognata
Sobrinha	Neptis
Sobrinho	Nepos
Tia	Matertera
Tio	Patruus

Fazenda #1
Farm #1

Abelha	Apis
Agricultura	Agricultura
Arroz	Rice
Água	Aqua
Bezerro	Vitulum
Burro	Asinus
Cabra	Hircum
Campo	Agro
Cavalo	Equus
Cão	Canis
Cerca	Sepem
Corvo	Corvus
Feno	Hay
Fertilizante	Stercorat
Frango	Pullum
Gato	Felis
Mel	Mel
Rebanho	Gregem
Terra	Terra
Vaca	Bos

Fazenda #2
Farm #2

Agricultor	Agricola
Animais	Animalia
Celeiro	Horreum
Cevada	Hordeum
Cordeiro	Agnus
Fruta	Fructus
Irrigação	Irrigationes
Leite	Lac
Lhama	Llama
Maduro	Matura
Milho	Frumentum
Ovelha	Oves
Pato	Anatis
Pomar	Orchard
Prado	Prati
Trator	Tractor
Trigo	Triticum
Vegetal	Vegetabilis

Ferramentas
Instrumenta

Alicate	Pliers
Cabo	Mauris
Cola	Gluten
Corda	Funem
Escada	Scalam
Grampeador	Ipsum
Grampo	Solidis
Machado	Securis
Malho	Malleo
Martelo	Malleus
Navalha	Novacula
Parafuso	Stupra
Pá	Rutrum
Roda	Rota
Tesoura	Axicia
Tocha	Facem

Férias #1
Vacation #1

Alfândega	Consuetudines
Avião	Vivamus
Bilhete	Aliquam
Bonde	Tram
Carro	Car
Expedição	Expeditione
Guarda-Chuva	Umbrella
Itinerário	Itinerarium
Lago	Lacus
Mala	Vidulus
Mochila	Mantica
Moeda	Monetæ
Museu	Museum
Partida	Discessum
Relaxamento	Consequat
Turista	Viator

Férias #2
Vacation #2

Acampamento	Castra
Aeroporto	Elit
Estrangeiro	Aliena
Feriado	Ferias
Fotos	Imagines
Hotel	Hotel
Ilha	Insula
Lazer	Otium
Mapa	Map
Mar	Mare
Montanhas	Montes
Passaporte	Singraphus
Praia	Beach
Restaurante	Amet
Táxi	Taxi
Tenda	Tabernaculum
Transporte	Nulla
Viagem	Iter
Visto	Visa

Ficção Científica
Scientia Ficta

Atómico	Atomicus
Distante	Distant
Distopia	Dystopia
Explosão	Crepitus
Extremo	Extrema
Fantástico	Suspendisse
Fogo	Ignis
Futurista	Futuristic
Galáxia	Galaxia
Ilusão	Illusio
Imaginário	Imaginaria
Misterioso	Arcanum
Mundo	Mundi
Oráculo	Oraculum
Planeta	Planeta
Tecnologia	Nulla
Utopia	Utopia

Flores
Flores

Buquê	Flos
Dente-De-Leão	Taraxacum
Gardênia	Gardenia
Girassol	Helianthus
Hibisco	Hibisco
Jasmim	Aenean
Lavanda	Casia
Lírio	Lilium
Magnólia	Magnolia
Margarida	Daisy
Narciso	Narcissus
Orquídea	Orchid
Papoula	Papaver
Peônia	Aglaophotis
Pétala	Petalorum
Plumeria	Plumeria
Rosa	Rosa
Trevo	Trifolium
Tulipa	Tulipa

Floresta Tropical
Rainforest

Anfíbios	Amphibia
Botânico	Botanica
Clima	Caeli
Comunidade	Communitas
Diversidade	Diversitas
Espécies	Species
Insetos	Insecta
Mamíferos	Nullam
Musgo	Muscus
Natureza	Natura
Nuvens	Nubes
Pássaros	Aves
Refúgio	Refugium
Respeito	Quantum
Restauração	Restitutionem
Selva	Truncatis
Sobrevivência	Salutem
Valioso	Pretiosum

Formas
Figuris

Arco	Arc
Canto	Angulo
Cilindro	Cylindro
Círculo	Circulus
Cone	Coni
Cubo	Cubus
Curva	Curva
Elipse	Ellipsi
Esfera	Sphaera
Lado	Parte
Linha	Linea
Oval	Oval
Pirâmide	Pyramidis
Polígono	Polygonum
Prisma	Prisma
Quadrado	Quadratum
Retângulo	Rectangulum
Triângulo	Triangulum

Frutas
Fructus

Abacate	Avocado
Abacaxi	Pineapple
Amora	Etiam
Baga	Berry
Cereja	Cerasus
Coco	Dolor
Figo	Ficus
Framboesa	Rubus Idaeus
Goiaba	Guava
Kiwi	Kiwi
Laranja	Rhoncus
Limão	Lemon
Maçã	Apple
Mamão	Papaya
Manga	Mango
Melão	Cucumis
Nectarina	Nectarine
Pera	Pirum
Pêssego	Persicum
Uva	Uva

Geografia
Geographia

Altitude	Altitudo
Atlas	Atlas
Cidade	Urbem
Continente	Continens
Hemisfério	Hemisphaerio
Ilha	Insula
Latitude	Latitudo
Mapa	Map
Mar	Mare
Meridiano	Meridianus
Montanha	Montem
Mundo	Mundi
Norte	North
Oceano	Oceanum
Oeste	West
País	Patria
Região	Regione
Rio	Flumen
Sul	Meridiem
Território	Territorio

Geologia
Nederlandicae

Ácido	Acidum
Camada	Accumsan
Caverna	Specus
Cálcio	Calcium
Continente	Continens
Coral	Coral
Cristais	Crystals
Erosão	Exesa
Estalactite	Stalactite
Estalagmites	Stalagmites
Fóssil	Fossile
Lava	Lava
Minerais	Mineralibus
Pedra	Stone
Platô	Plateau
Quartzo	Quartz
Sal	Sal
Terremoto	Terraemotus
Vulcão	Volcano
Zona	Mauris

Herbalismo
Herbalism

Açafrão	Crocus
Alecrim	Rosmarinus
Alho	Allium
Aromático	Aromaticum
Benéfico	Utile
Coentro	Coriandri
Estragão	Tarragon
Flor	Flos
Funcho	Faeniculi
Ingrediente	Ingrediens
Jardim	Hortus
Lavanda	Casia
Manjericão	Basilius
Manjerona	Origani
Planta	Planta
Qualidade	Qualitas
Sabor	Saporem
Salsa	Petroselinum
Tomilho	Thymum
Verde	Viridis

Insetos
Insecta

Abelha	Apis
Barata	Blattam
Besouro	Beetle
Borboleta	Papilio
Cigarra	Cicada
Cupim	Termite
Formiga	Ant
Gafanhoto	Grillus
Joaninha	Ladybug
Larva	Uterus
Libélula	Dragonfly
Louva-A-Deus	Mantis
Mariposa	Tinea
Minhoca	Vermis
Mosquito	Culex
Pulgão	Aphid
Vespa	Wasp

Instrumentos Musicais
Organis

Bandolim	Mandolin
Banjo	Banjo
Clarinete	Tibiae
Fagote	Bassoon
Flauta	Tibia
Gaita	Harmonica
Gongo	Gong
Harpa	Cithara
Oboé	Sonata
Pandeiro	Tympanum
Percussão	Percussus
Piano	Piano
Saxofone	Saxophone
Trombone	Trombone
Trompete	Tuba
Violino	Vitae
Violoncelo	Cello

Jardim
Hortus

Ancinho	Sarculum
Arbusto	Bush
Árvore	Arbor
Banco	Banco
Cerca	Sepem
Ervas Daninhas	Zizania
Flor	Flos
Garagem	Garage
Grama	Herba
Jardim	Hortus
Lagoa	Eget
Maca	Hammock
Mangueira	Hose
Pá	Rutrum
Pomar	Orchard
Solo	Solo
Terraço	Xystum
Trampolim	Trampoline
Videira	Vitis

Literatura
Litteris

Analogia	Similitudo
Análise	Analysis
Anedota	Fabella
Autor	Auctor
Biografia	Vita
Comparação	Comparatione
Conclusão	Conclusio
Descrição	Description
Diálogo	Dialogus
Estilo	Style
Ficção	Ficta
Metáfora	Metaphora
Opinião	Sententia
Poema	Carmen
Poético	Poetica
Rima	Concordare
Ritmo	Numero
Romance	Nove
Tema	Argumentum
Tragédia	Tragoedia

Livros
Books

Autor	Auctor
Aventura	Casus
Coleção	Collectio
Contexto	Context
Dualidade	Dualitatem
Escrito	Scriptum
História	Fabula
Histórico	Historica
Inventivo	Ingeniosus
Leitor	Lector
Literário	Litterarum
Palavras	Verba
Página	Page
Personagem	Moribus
Poema	Carmen
Poesia	Carmina
Relevante	Pertinet
Romance	Nove
Série	Series
Trágico	Tragici

Mamíferos
Nullam

Baleia	Balena
Camelo	Camelus
Canguru	Macropus
Castor	Castor
Cavalo	Equus
Cão	Canis
Coelho	Lepus
Coiote	Coyote
Elefante	Elephantis
Gato	Felis
Girafa	Panthera
Golfinho	Delphini
Gorila	Orci
Leão	Leo
Lobo	Lupus
Macaco	Simia
Ovelha	Oves
Raposa	Vulpes
Touro	Taurus
Zebra	Zebra

Matemática
Math

Aritmética	Arithmetica
Ângulos	Anguli
Decimal	Decimales
Diâmetro	Diam
Divisão	Divisio
Equação	Aequatio
Esfera	Sphaera
Expoente	Exponent
Fração	Fractio
Geometria	Geometria
Números	Numeri
Paralelo	Parallela
Perímetro	Perimeter
Polígono	Polygonum
Quadrado	Quadratum
Raio	Radius
Retângulo	Rectangulum
Simetria	Praeditis
Soma	Summa
Triângulo	Triangulum

Material de Arte
Artis Commeatibus

Acrílico	Donec
Apagador	Deleo
Aquarelas	Watercolors
Argila	Lutum
Água	Aqua
Cadeira	Cathedra
Carvão	Carbones
Cavalete	Otium
Câmera	Camera
Cola	Gluten
Cores	Colores
Criatividade	Glossarium
Escovas	Perterget
Lápis	Penicilli
Mesa	Mensam
Óleo	Oleum
Papel	Charta
Tinta	Atramentum

Medições
Mensurae

Altura	Altitudo
Byte	Byte
Centímetro	Centimeter
Comprimento	Longitudo
Decimal	Decimales
Grama	Gram
Grau	Gradus
Largura	Latitudo
Litro	Liter
Massa	Massa
Metro	Metri
Minuto	Minutis
Onça	Unciam
Peso	Pondus
Polegada	Inch
Profundidade	Profundum
Quilograma	Kilogram
Quilômetro	Kilometer
Tonelada	Ton

Meditação
Meditatio

Aceitação	Acceptio
Atenção	Operam
Bondade	Misericordiam
Clareza	Claritas
Compaixão	Misericordia
Emoções	Affectus
Ensinamentos	Doctrina
Gratidão	Gratia
Hábitos	Habitus
Mental	Mentis
Mente	Mens
Movimento	Motus
Música	Musica
Natureza	Natura
Observação	Observatione
Paz	Pacem
Pensamentos	Cogitationes
Perspectiva	Prospectum
Postura	Staturam
Silêncio	Silentium

Mitologia
Fabularis

Arquétipo	Archetypum
Céu	Caelum
Ciúmes	Zelus
Comportamento	Moribus
Crenças	Opiniones
Criatura	Creatura
Cultura	Cultura
Desastre	Cladis
Força	Fortitudo
Guerreiro	Bellator
Herói	Heros
Labirinto	Labyrinthus
Lenda	Legend
Mágico	Magicalis
Monstro	Monstrum
Mortal	Mortale
Relâmpago	Fulgur
Triunfante	Triumphantes
Trovão	Tonitrua
Vingança	Vindictam

Natureza
Natura

Abelhas	Apes
Animais	Animalia
Ártico	Arctic
Beleza	Pulchritudo
Deserto	Deserto
Dinâmico	Suscipit
Erosão	Exesa
Floresta	Silva
Folhagem	Fronde
Geleira	Glacier
Montanhas	Montes
Nevoeiro	Caligo
Nuvens	Nubes
Pacífico	Pacis
Rio	Flumen
Santuário	Sanctuarium
Selvagem	Fera
Sereno	Serena
Tropical	Tropical
Vital	Vitalis

Nutrição
Nutritionem

Amargo	Amara
Apetite	Appetitus
Calorias	Adipiscing
Carboidratos	Carbohydrates
Comestível	Edulis
Dieta	Diet
Digestão	Concoctionem
Equilibrado	Libratum
Fermentação	Fermentum
Líquidos	Liquores
Molho	Condimentum
Nutriente	Cibus
Peso	Pondus
Proteínas	Servo
Qualidade	Qualitas
Sabor	Saporem
Saudável	Sanus
Saúde	Salutem
Toxina	Toxin
Vitamina	Vitaminum

Números
Numeri

Cinco	Quinque
Decimal	Decimales
Dez	Decem
Dezesseis	Sedecim
Dezessete	Septemdecim
Dezoito	Decem et Octo
Dois	Duo
Doze	Duodecim
Nove	Novem
Oito	Octo
Quatorze	Quattuordecim
Quatro	Quattuor
Quinze	Quindecim
Seis	Sex
Sete	Septem
Treze	Tredecim
Três	Tres
Um	Unum
Vinte	Viginti
Zero	Nulla

Oceano
Oceanum

Atum	Tuna
Baleia	Balena
Barco	Navi
Camarão	Squilla
Caranguejo	Cancer
Coral	Coral
Enguia	Anguilla
Esponja	Spongia
Golfinho	Delphini
Marés	Aestus
Medusa	Jellyfish
Ondas	Fluctus
Ostra	Ostrea
Peixe	Pisces
Polvo	Polypus
Recife	Reef
Sal	Sal
Tartaruga	Turtur
Tempestade	Tempestas
Tubarão	Shark

Outono
Autumnus

Bolota	Frugibus,
Castanhas	Castaneae
Clima	Caeli
Equinócio	Aequinoctium
Festival	Festum
Geada	Gelu
Incêndios	Ignes
Maçãs	Poma
Meses	Menses
Migração	Migratio
Natureza	Natura
Pomar	Orchard
Sazonal	Adipiscing
Tempo	Tempestas

Paisagens
Donec

Cascata	Cataracta
Caverna	Cave
Colina	Hill
Deserto	Deserto
Geleira	Glacier
Golfo	Sinum
Iceberg	Iceberg
Ilha	Insula
Lago	Lacus
Mar	Mare
Montanha	Montem
Oásis	Oasis
Oceano	Oceanum
Pântano	Palus
Península	Peninsula
Praia	Beach
Rio	Flumen
Tundra	Tundra
Vale	Convallis
Vulcão	Volcano

Países #2
Regionibus #2

Albânia	Albania
Dinamarca	Daniae
Etiópia	Aethiopia
França	Gallia
Grécia	Graecia
Haiti	Haitia
Indonésia	Indonesia
Irlanda	Hibernia
Jamaica	Jamaica
Japão	Japan
Laos	Laos
Líbano	Libanus
México	Mexico
Nepal	Nepal
Nigéria	Nigeria
Rússia	Russia
Síria	Syria
Somália	Somalia
Ucrânia	Ucraina
Uganda	Uganda

Pássaros
Aves

Avestruz	Struthionem
Águia	Aquila
Canário	Ga
Cegonha	Ciconia
Cisne	Swan
Corvo	Corvus
Cuco	Cuckoo
Flamingo	Flamingo
Frango	Pullum
Gaivota	Gull
Ganso	Anserem
Garça	Heron
Ovo	Ovum
Papagaio	Psittacus
Pardal	Passer
Pato	Anatis
Pavão	Pavo
Pelicano	Pelican
Pombo	Columbam
Tucano	Toucan

Pesca
Piscandi

Água	Aqua
Barco	Navi
Brânquias	Branchias
Cesta	Canistrum
Cozinhar	Coques
Equipamento	Apparatu
Exagero	Augendo
Fio	Filum
Gancho	Hamo
Isca	Esca
Lago	Lacus
Mandíbula	Maxilla
Oceano	Oceanum
Paciência	Patientia
Peso	Pondus
Praia	Beach
Rio	Flumen
Temporada	Temporum

Piratas
Piratae

Aventura	Casus
Âncora	Anchor
Bússola	Decima
Capitão	Captain
Caverna	Cave
Cicatriz	Cicatrix
Espada	Gladium
Ilha	Insula
Lenda	Legend
Mapa	Map
Mau	Malum
Moedas	Coins
Oceano	Oceanum
Ouro	Aurum
Papagaio	Psittacus
Perigo	Periculum
Praia	Beach
Rum	Rum
Tesouro	Thesaurus
Tripulação	Cantavit

Plantas
Plantis

Arbusto	Bush
Árvore	Arbor
Baga	Berry
Bambu	Bamboo
Botânica	Botanicam
Cacto	Cactus
Feijão	Bean
Fertilizante	Stercorat
Flor	Flos
Flora	Flora
Floresta	Silva
Folha	Folium
Folhagem	Fronde
Grama	Herba
Hera	Hedera
Jardim	Hortus
Musgo	Muscus
Pétala	Petalorum
Raiz	Radix
Vegetação	Virentia

Praia
Beach

Areia	Harena
Azul	Blue
Barco	Navi
Caranguejo	Cancer
Costa	Ora
Doca	Gregem
Guarda-Chuva	Umbrella
Ilha	Insula
Lagoa	Lacuna
Mar	Mare
Oceano	Oceanum
Recife	Reef
Sandálias	Sandalia
Sol	Sol
Toalha	Linteum
Veleiro	Navis

Preencher
Implere

Bacia	Labrum
Balde	Situla
Barril	Dolium
Bolso	Sinu
Cesta	Canistrum
Envelope	Involucrum
Garrafa	Utrem
Gaveta	Perscriptorem
Mala	Vidulus
Navio	Vas
Pacote	Fasciculus
Pasta	Folder
Saco	Bag
Tubo	Tube
Vaso	Vase

Profissões #1
Professionibus #1

Advogado	Attornatum
Artista	Artifex
Astrônomo	Astrologus
Banqueiro	Remi
Bombeiro	Firefighter
Caçador	Venator
Cartógrafo	Cartographer
Cientista	Scientist
Dançarino	Saltator
Editor	Editor
Embaixador	Legatus
Encanador	Plumbarius
Enfermeira	Nutrix
Geólogo	Geologist
Joalheiro	Jeweler
Marinheiro	Nauta
Músico	Musicus
Pianista	The
Psicólogo	Psychologist
Veterinário	Veterinarius

Profissões #2
Professionibus #2

Agricultor	Agricola
Astronauta	Astronaut
Biólogo	Biologist
Dentista	Dentist
Detetive	Inquisitor
Editor	Publisher
Engenheiro	Engineer
Filósofo	Philosophus
Fotógrafo	Pretium
Ilustrador	Illustrrator
Inventor	Inventor
Investigador	Inquisitorem
Jardineiro	Hortulanus
Jornalista	Wisi
Linguista	Linguist
Médico	Medicus
Piloto	Gubernator
Pintor	Pictor
Professor	Magister
Zoólogo	Zoologist

Restaurante # 2
Restaurant #2

Água	Aqua
Bolo	Massae
Cadeira	Cathedra
Colher	Cochleari
Delicioso	Delectamentum
Especiarias	Aromata
Fruta	Fructus
Garfo	Furca
Gelo	Ice
Jantar	Prandium
Legumes	Legumina
Ovo	Ova
Peixe	Pisces
Sal	Sal
Salada	Sem
Sopa	Elit

Restaurante #1
Restaurant #1

Alergia	Urna
Café	Capulus
Carne	Cibum
Cozinha	Vestibulum
Frango	Pullum
Garçonete	Famula
Guardanapo	Sudario
Menu	Menu
Molho	Condimentum
Pão	Panem
Picante	Conditus
Reserva	Reservatio
Sobremesa	Mensa
Tigela	Crater

Roupas
Vestimenta

Blusa	Blouse
Calça	Braccae
Camisa	Shirt
Casaco	Coat
Chapéu	Hat
Cinto	Cingulum
Colar	Monile
Jaqueta	Jacket
Lenço	Chlamydem
Luvas	Caestus
Meias	Tibialia
Moda	More
Pijama	Pajamas
Pulseira	Armillam
Saia	Lacinia
Sandálias	Sandalia
Sapato	Nulla Nec
Suéter	Sweater
Vestido	Habitu

Surf
Superficies

Atleta	Athleta
Campeão	Fortissimus
Espuma	Spuma
Estilo	Style
Estômago	Stomachum
Extremo	Extrema
Força	Fortitudo
Multidões	Turbas
Oceano	Oceanum
Onda	Unda
Popular	Popularis
Praia	Beach
Principiante	Inceptos
Rapidez	Celeritate
Recife	Reef
Tempo	Tempestas

Tecnologia
Nulla

Arquivo	File
Câmera	Camera
Computador	Eu
Cursor	Cursor
Dados	Data
Digital	Digital
Internet	Internet
Mensagem	Nuntius
Navegador	Pasco
Pesquisa	Research
Segurança	Securitatem
Software	Software
Tela	Screen
Virtual	Rectum
Vírus	Virus

Tempo
Tempus

Agora	Nunc
Ano	Anno
Antes	Ante
Anual	Annua
Calendário	Calendar
Década	Decennium
Dia	Die
Futuro	Futurum
Hoje	Hodie
Hora	Hora
Manhã	Mane
Meio-Dia	Meridies
Mês	Mense
Minuto	Minutis
Noite	Nocte
Ontem	Heri
Passado	Praeteritum
Relógio	Horologium
Semana	Septimana
Século	Century

Tipos de Cabelo
Genera Capillos

Branco	Albus
Brilhante	Crus
Cachos	Cincinnis
Careca	Calvus
Cinza	Gray
Colori	Coloratum
Curto	Denique
Encaracolado	Crispus
Fino	Tenuis
Grosso	Crassus
Loiro	Flavis
Longo	Diu
Marrom	Brown
Prata	Argentum
Preto	Nigrum
Saudável	Sanus
Seco	Siccum
Suave	Mollis
Trançado	Tortis

Vegetais
Legumina

Abóbora	Cucurbita
Aipo	Apium
Alcachofra	Cactus
Alga	Alga
Alho	Allium
Beringela	Eggplant
Brócolis	Algentem
Cebola	Cepa
Cenoura	Daucus
Chalota	Shallot
Cogumelo	Fungorum
Couve-Flor	Brassica
Ervilha	Pisum
Espinafre	Spinach
Gengibre	Gingiber
Nabo	Rapa
Pepino	Cucumis
Rabanete	Radicula
Salada	Sem
Salsa	Petroselinum

Veículos
Vehicula

Ambulância	Ambulance
Avião	Vivamus
Balsa	Porttitor
Barco	Navi
Caminhão	Dolor
Caravana	Comitatum
Carro	Car
Foguete	Eruca
Helicóptero	Helicopter
Jangada	Ratis
Lambreta	Scooter
Metrô	Subway
Motor	Motor
Pneus	Tires
Submarino	Submarine
Táxi	Taxi
Trator	Tractor

Verão
Aestate

Acampamento	Castra
Alegria	Gaudium
Amigos	Amicis
Casa	Domum
Estrelas	Sidera
Família	Familia
Jardim	Hortus
Jogos	Ludos
Lazer	Otium
Mar	Mare
Música	Musica
Praia	Beach
Relaxamento	Consequat
Sandálias	Sandalia
Viagem	Travel

Virtudes #1
Virtutes #1

Apaixonado	Iracundus
Artístico	Artis
Bom	Bonum
Confiante	Confidit
Curioso	Curiosus
Decisivo	Decretorium
Eficiente	Efficiens
Encantador	Venustus
Generoso	Liberalis
Independente	Independens
Inteligente	Intelligens
Limpo	Mundus
Modesto	Modestus
Paciente	Patiens
Prático	Practica
Sábio	Sapiens
Útil	Benevolens

Xadrez
Latrunculorum

Aprender	Discere
Branco	Albus
Campeão	Fortissimus
Concurso	Certamen
Diagonal	Diameter
Estratégia	Consilio
Jogador	Ludio Ludius
Jogo	Ludum
Oponente	Adversarius
Passivo	Passiva
Pontos	Puncta
Preto	Nigrum
Rainha	Regina
Regras	Praecepta
Rei	Rex
Sacrifício	Sacrificium
Tempo	Tempus
Torneio	Torneamentum

Parabéns

Conseguiu!

Esperamos que tenha gostado tanto deste livro como nós gostamos de o desenhar. Esforçamo-nos por criar livros da mais alta qualidade possível.
Esta edição foi concebida para proporcionar uma aprendizagem inteligente, de qualidade e divertida!

Gostou deste livro?

Um simples pedido

Estes livros existem graças às críticas que publica.
Pode ajudar-nos, deixando agora uma revisão?

Aqui está um pequeno link para
a sua página de revisão:

BestBooksActivity.com/Avaliacoes50

DESAFIO FINAL!

Desafio n° 1

Está pronto para o seu jogo grátis? Usamo-los a toda a hora, mas não são tão fáceis de encontrar - aqui estão os **Sinônimos!**
Escreva 5 palavras que encontrou nos puzzles (n° 21, n° 36, n° 76) e tente encontrar 2 sinónimos para cada palavra.

Escreva 5 palavras de *Puzzle 21*

Palavras	Sinônimo 1	Sinônimo 2

Escreva 5 palavras de *Puzzle 36*

Palavras	Sinônimo 1	Sinônimo 2

Escreva 5 palavras de *Puzzle 76*

Palavras	Sinônimo 1	Sinônimo 2

Desafio n° 2

Agora que já aqueceu, escreva 5 palavras que encontrou nos Puzzles (n° 9, n° 17 e n° 25) e tente encontrar 2 antônimos para cada palavra. Quantos se podem encontrar em 20 minutos?

Escreva 5 palavras de **Puzzle 9**

Palavras	Antônimo 1	Antônimo 2

Escreva 5 palavras de **Puzzle 17**

Palavras	Antônimo 1	Antônimo 2

Escreva 5 palavras de **Puzzle 25**

Palavras	Antônimo 1	Antônimo 2

Desafio n° 3

Óptimo! Este desafio final não é nada para si.

Pronto para o desafio final? Escolha 10 palavras que tenha descoberto nos diferentes puzzles e escreva-as abaixo.

1.	6.
2.	7.
3.	8.
4.	9.
5.	10.

Agora escreva um texto a pensar numa pessoa, num animal ou num lugar de seu agrado.

Pode utilizar a última página deste livro como um rascunho.

A Sua Composição:

CADERNO DE NOTAS:

ATÉ BREVE!

A equipa Inteira

DESCUBRA JOGOS GRATUITOS

GO

↓

BESTACTIVITYBOOKS.COM/FREEGAMES